KB205792

한 꿈이 있습니다

한 꿈이 있습니다

초판 1쇄 　2025년 1월 24일

저 　 　자 _ 임용석
펴 낸 곳 _ 도서출판 한꿈
디 자 인 _ 두드림

등록번호 _ 제2024-000045 호
등록일자 _ 2024년 11월 4일

주 　 　소 _ 경기도 의정부시 회룡로 194, 203호
전 　 　화 _ 010-2304-7829
이 메 일 _ ska2151@hanmail.net
ISBN 979-11-991106-1-8 03230

이 책의 내용과 사진 등은 저자와 출판사의 허락 없이 인용하거나 발췌하는 것을 금합니다.
도서 판매 기금은 어려운 탈북민을 위해 사용합니다.

도서출판 한꿈 사명
"우리가 하는 일의 열매는 다른 사람의 나무에서 열린다"

한 꿈이 있습니다

희년과 통일을 준비하는 한꿈교회 이야기

임용석·남성경 지음

한꿈

서문

저자는 2021년, '남과 북이 하나 되는 한꿈교회' 설립 13주년을 맞아『교회가 통일의 중심입니다』를 출간하였습니다. 한꿈공동체가 경험한 통일과 분단의 아픔 그리고 기쁨을 생생히 담아내려 노력했던 만큼 보내 주신 독자분들의 사랑과 관심에 감사한 시간을 보냈습니다. 다수의 교회, 단체, 그리고 대학원에서『교회가 통일의 중심입니다』에 대한 강의와 설교를 진행하면서, 미흡했던 부분에 대한 아쉬움을 느껴 보완을 거친 개정증보판을 준비하게 되었습니다.

금번 개정증보판은 특별히 저와 동일한 비전을 공유하는 남성경 사모와 공동 집필하게 되었습니다.

탈북성도와 남한성도가 복음 안에서 함께 예수님의 몸인 교회를 이루어 나가는 이야기, 교회 안에서 경험한 '먼저 온 통일'의 이야기, 한 맺힌 분단의 아픔과 기쁨이 담긴 이야기를 전하고 싶은 마음을 담아『한 꿈이 있습니다』개정 증보판으로 출간하게 되었습니다. 희년 세상을 위한 한꿈공동체에 대한 염원을 담은 이 책이, 한국교회가 이루고자 하는 복음적 통일을 향한 여정에 작은 디딤돌이 되기를 기도합니다.

추천사

저자인 임용석 목사는 오랜 기간 개혁교회에서 통일운동 현장 활동가로 헌신해 온 귀한 사역자입니다. 과거 희년선교회에서 총무로서 외국인 노동자를 대상으로 동역하였고, 남북나눔운동에 참여해 중국 연변과 국내에서 대북 인도주의 지원 사역과 탈북민 사역을 힘차게 감당했으며, 의정부에서 사역하면서는 통일을 위해 힘쓰는 '한꿈교회'를 개척한 신실한 목회자이기도 합니다. 저의 통일운동 동지이자 응원하는 좋은 후배인 그는 복음에 대한 열정이 뜨거워 현장에서도 항상 복음을 전파하였고 만나는 사람의 영혼과 삶을 목회적으로 돌보는 것도 성실히 수행하였습니다. 이로써 알 수 있듯 로잔언약의 선교 신학적 핵심인 '사회봉사'와 '영혼구원'을 동시에 수행하는 총체적 선교에 모범을 보이는 귀한 사역자인 그가 펼쳐낸 이 책이야말로 하나님 나라의 아름다움을 담아낸 스토리텔링일 것입니다.

광교산울교회 담임목사, GBT 이사장 이문식 목사

한꿈교회는 부곡교회와 선교협력 기관으로서 오랫동안 교제해 온 교회입니다. 부곡교회는 한꿈교회와 함께 통일선교를 위해 아름

다운 협력을 하고 있습니다. 한꿈교회 임용석 목사님의 이번 저서
는 적절한 시기에 지역교회가 통일선교에 어떻게 실제적으로 동참
할 수 있을지에 대한 좋은 지침서가 될 것입니다.

부곡교회 전영화 담임목사

　

한꿈교회와 한꿈학교는 20년 가까이 탈북민들의 우리 사회 정착
과 적응을 위해 많은 노력을 한 결과 작은 결실을 보고 있습니다.

북한 이탈 장년들에게는 취업을, 학생들에게는 세계적인 교육 서
비스를 통해 작은 통일을 이루고 있습니다. 통일은 구호나 선전으
로 결코 이루어지지 않습니다. 임용석 목사가 하나님께 순종하고
이루어 온 한꿈교회의 사역은 오랫동안 탈북민들과 함께 포용하며
살아온 생생한 경험이자 통일한국을 소망하는 우리에게 귀중한 자
료들입니다. 이 책에서 제안하는 것과 경험한 자료들은 통일을 한
걸음 빨리 현실화할 수 있는 효과적인 준비물이 될 것입니다.

(사)한꿈 이사장, 연세대학교 법학 전문대학원 백태승 명예교수

　

한꿈교회는 평화를 품은 예수공동체입니다. 신앙공동체는 구약
성경에서 노아의 방주나 신약성경에서 바다에 던진 그물(마
13:47~48)과 같은 의미입니다. 또 예수님께서 교회를 약속하실 때,
'천국의 열쇠'를 주신다고 말씀하셨습니다. 교회가 천국에 들어가
도록 안내한다는 의미(마 16:19)이기도 하지만, 교회가 모든 문제

의 답이라는 의미이기도 합니다. 실제로 이 땅의 교회들이 초대교회처럼 공동체적인 삶을 보일 수만 있다면 통일의 방법을 알게 됩니다.

이 책이 통일을 소망하며 기대하는 교회에게 통일을 위한 구체적인 방법을 알게 하고, 그래서 실제로 통일을 준비하는 일에 용기를 갖는 계기가 되기를 바랍니다.

일산신성교회 정병갑 담임목사

『한 꿈이 있습니다』의 개정증보판 출간을 축하합니다.

이 한 권의 책이 남북이 대치되어 살아가는 이 나라 대한민국의 희망이 되고, 응어리진 마음을 풀어헤치고 화해하는 평화를 누리며 민족이 하나 되는 길로 나아가는 지침서가 되기를 기대하며 기쁜 마음으로 강력히 추천합니다.

한성침례교회 담임, (사)평화와 함께 대표 강권식 목사

들어가는 말

우리 모두의 "한 꿈"이 있습니다

그 후에 내가 내 신을 만민에게 부어 주리니 너희 자녀들이 장래 일을
말할 것이며 너희 늙은이는 꿈을 꾸며 너희 젊은이는 이상을 볼 것이며
(요엘 2장 28절)

우리나라와 민족을 사랑하시는 하나님 아버지! 우리에게 '한 꿈' 있습니다.
한반도의 분단이라는 역사를 통해서 하나님의 뜻을 성찰하고 성서한국
이루는 꿈

하나님의 복음의 빛을 한반도에 비추어 휴전선의 막힌 장벽을 하나님의
권능으로 열어 주시고, 한반도 모든 마을이 복음의 빛으로 밝아지는 꿈

남과 북으로 분단된 이 땅에 희년의 하나님 나라 복음으로

화해와 일치하는 꿈

한반도 토지는 하나님의 것임을 인정하여 토지의 공유와 평등 분배하여
하나님 나라 가치를 실현하는 꿈

북한이 예수 그리스도의 복음으로 변화되어 하나님만을 예배하고,
주님의 몸 된 교회가 새롭게 세워지는 믿음의 땅이 되는 꿈

남녘 교회가 서로 경쟁하지 않고 한마음으로 협력하여 북한동포 통해
북한교회가 세워지는 꿈

한국교회가 희년의 말씀 선포하고 실천하여 한국 사회가 개혁되는
밑거름이 되는 꿈

한국교회가 일제강점기 신사참배와 지금의 황금 숭배에 대한
깊은 회개와 성찰하는 꿈

우리나라에서, 우리로 말미암아 진정한 세계의 평화가 실현되는 꿈

주 예수 그리스도의 은혜와 하나님의 사랑과 성령님의 코이노니
아가 우리와 흩어져 있는 모든 성도와 온 세상에 함께있기를 우리
구원자이시며 중보자이신 주 예수 그리스도 이름으로 기도합니다.

탈북동포와 함께하는 성경공부

복음 · 평화 · 통일학교

I

희년의 하나님 나라는
통일을 위한 복음

지금 한국 교회는 통일 한국
북한선교를 외치기 이전에 희년신앙과
하나님 나라 회복이 더 많이 필요합니다
그것이 곧 가장 중요한 통일 준비입니다

희년의 하나님 나라는
통일을 위한 복음

좋은 소식을 전하며 평화를 공포하며 복된 좋은 소식을 가져오며 구원을 공포하며 시온을 향하여 이르기를 네 하나님이 통치하신다 하는 자의 산을 넘는 발이 어찌 그리 아름다운가 (사 52:7)

44 는 사람이 다 함께 있어 모든 물건을 서로 통용하고 45 재산과 소유를 팔아 각 사람의 필요를 따라 나눠 주며 46 날마다 마음을 같이하여 성전에 모이기를 힘쓰고 집에서 떡을 떼며 기쁨과 순전한 마음으로 음식을 먹고 47 하나님을 찬미하며 또 온 백성에게 칭송을 받으니 주께서 구원받는 사람을 날마다 더하게 하시니라 (행 2:44~47)

희년의 관점에서 하나님 나라를 고찰해 보면 통일 그 자체나 북한

선교에만 치중하는 통일선교의 한계와 편협성을 명확히 인지할 수 있습니다.

희년과 하나님 나라는 성령의 역사하심을 통해 공동체성이 회복된 교회를 매개로 구현되며, 그 근본 원리는 코이노니아에 있습니다. 자발적인 희년을 실천했던 초대교회 공동체의 원리는 시대를 초월하여 오늘날에도 지속적으로 계승되어야 할 복음의 정수이자 선교의 근간을 이룹니다.

오늘날 교회가 초대교회의 순수한 신앙과 삶을 회복한다면 별도의 전도 활동 없이도 사람들이 자발적으로 교회로 향할 것입니다. 이는 삶 자체가 복음을 전하는 강력한 메시지가 되어 이 땅에 하나님 나라가 임재하는 모습을 보여주기 때문입니다. 한국교회는 이제 내부적으로는 자발적인 희년 정신 실천을 통해 나눔과 섬김을 실현하고 사회적으로는 제도적인 희년 법 제정을 추진하여 토지의 공유와 평등 분배라는 정의로운 사회 시스템 구축에 앞장서야 합니다. 현재 한국교회는 통일한국, 북한선교를 논하기에 앞서 희년신앙의 회복과 하나님 나라의 가치를 실현하는 데 더욱 집중해야 합니다. 이것이야말로 가장 효과적이고 근본적인 통일 준비라고 할 수 있습니다. 한국교회는 통일한국과 북한선교를 논하기에 앞서 희년신앙과 하나님 나라 회복에 더욱 힘써야 할 것입니다. 이는 진정한 의미의 통일 준비를 위한 근본적인 과제입니다.

토지는
하나님의
것이라
레 25:23
(中)

예수원

1. 분단을 극복하고 민족을 치유하는 희년신앙

18 주의 성령이 내게 임하셨으니 이는 가난한 자에게 복음을 전하게 하시려고 내게 기름을 부으시고 나를 보내사 포로 된 자에게 자유를, 눈 먼 자에게 다시 보게 함을 전파하며 눌린 자를 자유롭게 하고 19 주의 은혜의 해를 전파하게 하려 하심이라 하였더라 (눅 4:18~19)

우리나라는 세계 유일한 분단국가로서 갈등과 분쟁, 전쟁의 위협 속에 평화가 없는 땅에서 살고 있습니다. 우리는 오랫동안 분단 상황 속에서 남북한 군사적 충돌로 인한 직접적 폭력과 분단 구조 안에서 국가 안보를 위해 제정된 다양한 법률과 제도가 억울한 희생자들을 양산하는 구조적 폭력 아래 있습니다. 그리고 그 배경에는 북한의 주체적 사상과 남한 반공 사상이 서로를 적대시하는 반평화적 이데올로기가 여전히 많은 사람들의 마음과 생각을 지배하며 한국 사회와 교회에 심리적 억압으로 작용하고 있습니다. 이러한 다양한 폭력의 근원으로 자리 잡은 현실 속에서 우리는 모두 다 분단의 피해자들입니다. 그래서 우리에게는 '희년의 복음'이 절대적으로 필요합니다. '희년의 신앙'으로 분단의 아픔을 극복하여 민족의 치유와 회복을 이루어야 합니다.

여기서 중요한 것은 희년의 하나님 나라가 실천될 때 민족의 통일이 이루어진다는 것입니다.

예수님이 광야에서 말씀을 전하다가 회당에 가서 처음 전하신 말씀이 바로 희년의 복음으로 그 내용은 먼저 하나님 나라와 의를 구하는 것입니다.

희년의 복음이라는 것은 모든 가난한 자, 병든 자, 억눌린 자에게 진정한 자유를 얻게 하는 것이며, 그리고 예수 그리스도의 십자가를 통해서 모든 죄의 굴레로부터 우리 모두를 자유롭게 하는 것입니다. 예수 그리스도께서 선포하시는 참된 자유는 모든 억압으로부터의 해방입니다. 이 세상 가운데 정의에 기초한 평화의 하나님 나라를 임하게 하는 능력입니다.

희년의 목적은 노예 해방과 더불어 토지를 반환받고 조상의 기업을 회복하여 결국은 자유를 누릴 수 있는 기반을 구축하는 데 있습니다.

이렇게 희년 법의 기본적인 사상이 자유와 공포와 그 확대에 있으므로 우리는 희년을 '자유의 해'(The Year of Liberty)라고 부릅니다.

결국, 복음의 선포와 희년의 선포는 궁극적으로 자유를 목표로 삼아야 합니다. 우리 예수님도 항상 인간들을 철저한 억압과 노예 상태에서 끌어내 자유의 땅이라는 새로운 광야로 인도해 내셨기 때문입니다. 그는 굶주림에 얽매인 자들에게 먹을 수 있는 자유를 주셨고 죄책감에 시달리는 자에게 죄 사함을 선포하셨으며 질병에서 해방했고 사망에 묶인 자를 풀어주셨는데 그것이 바로 희년의 선포적 성취인 것입니다.

사도 바울도 "너희가 자유를 위하여 부르심을 입었다(갈5:13).",

"주의 영이 계신 곳에는 자유함이 있느니라(고후3; 17)." 선포했습니다.

희년이 제공하는 자유에는 양면성이 있습니다.

'~ (으)로부터 자유(Freedom from)'와 '~ 을(를) 향한 자유(Freedom for)'가 그것입니다. 이는 마귀로부터의 자유와 하나님을 향한 자유입니다. 이것이 바로 신앙적인 요체입니다. 복음이 선포하는 해방과 자유는 단순한 억압과 착취로부터의 놓임과 풀림이 아니라 하나님 나라로의 초청이며 그 나라를 위한 자유입니다. 즉 하나님 나라의 시민으로 복귀하는 것을 뜻하며 하나님의 주권이 지배하는 곳으로 들어가는 것을 의미합니다.

우리가 세상의 방법으로 분단의 문제들을 해결하여 통일한국을 이룬다 해서 우리가 바라는 희년을 맞이할 수 있을까요? 그렇지 않습니다. 그것보다는 오늘날 나타나고 있는 현상들 깊은 곳에 자리 잡은 악의 뿌리에 대해서 우리는 희년을 선포해야 합니다. 우리는 죄에 대해서, 마귀에 대해서, 악의 세력에 대해서 희년을 선포해야 합니다. 그것이 바로 하나님 뜻이 이 땅에서 이루어지는 희년입니다. 많은 사람은 인간의 죄악된 냄새가 나는 왜곡되고, 부분적이며 불완전한 정치적 희년, 사회적 희년에 몰두합니다. 그것은 악의 가지만 자를 뿐이지 실체인 악의 뿌리는 그대로 두는 일입니다. 그러나 완전한 희년, 온전한 희년은 하나님 나라를 선포하고 성령님과 함께 만들어가며 성취하여야 합니다. 이것이 마귀를 결박시키고 모든 문제를 해결할 수 있는 근원적인 열쇠입니다. 희년의 복음은 단순한 자유와 막연한 해방을 추구하는 자유를 말하지 않습니다. 이 세상에서 없어질 희년이 아닙니다. 그것은 하나님 나라와 그의 영광을 위한 자유와 해방을 의미합니다. 그런 의미에서 자유는 해방과 동시에 종속을 내포하고 있는 양면성의 자유입니다. 이것은 성서의 중심 주제이며 복음 선포의 궁극적인 목표가 됩니다. 우리가 위에서 언급하였고 성경에서 지지하는 희년을 이루기 위해서는

1) 가장 먼저 성령님을 만나고 동행하며 깊은 교제를 해야 합니다

왜냐하면 말씀에서도 언급되었듯이 "주의 성령이 내게 임하셨으니 이는 가난한 자에게 복음을 전하게 하시려고 내게 기름을 부으시고 나를 보내사 포로 된 자에게 자유를, 눈먼 자에게 다시 보게 함을 전파하며 눌린 자를 자유롭게 하고(눅4:18)." 말씀에 힘이 있을 뿐만 아니라 그분만이 지금 복잡한 현안에 대해서 바른 성경적 해석을 해줄 수 있는 분이기 때문입니다.

2) 하나님의 말씀 대한 본의(本意)와 실천을 해야 합니다

예수님의 가르침에 담긴 본질적인 의미를 탐구하고 이를 현실에 적용함으로써, 현재 우리에게 주어진 상황을 명료하게 분석하고 실질적인 해결 방안을 모색해야 합니다.

3) 깊은 영성을 소유해야 합니다

　지금까지 우리 선배님들과 동역자들이 세상에 대해 대항할 때는 대체로 두 가지 현상이 일어납니다. 그것은 싸우다가 힘에 부쳐 생존하기 위해 어쩔 수 없이 협상하다가 원래 의도와는 달리 변질하든지 아니면 세상을 변화시키지 못하고 오히려 죄책감에 빠져 스스로 자멸하는 것입니다. 그래서 우리는 오늘날 우리에게 다가오는 문제들과 장애물을 극복하고 또한 세상을 이기고 더 나아가 대안을 제시하는 힘있는 영성을 소유해야 합니다. 이 일은 말처럼 쉽지 않습니다. 매일매일, 아니 매 순간 우리 안에 있는 또 다른 나를 부인하고 하나님으로부터 거듭난 새 사람이 왕성해질 때 우리는 강력한 영성을 소유할 수 있습니다.

　그러므로 우리는 다시 한번 희년의 복음에 대한 깊은 뜻을 체득(體得)하고 체현(體現)하여 희년의 신앙을 선포하고, 주님 오실 때까지 성령님과 함께 희년 하나님 나라를 가꾸어야 합니다. 이것이 이 시대에 희년의 복음이 영성의 본원이 되어야 하는 이유입니다.

2. 분단 위를 걸어가시는 예수님

　41 가까이 오사 성을 보시고 우시며 42 이르시되 너도 오늘 평화에 관한 일을 알았더라면 좋을 뻔하였거니와 지금 네 눈에 숨겨졌도다 43 날

이 이를지라 네 원수들이 토둔을 쌓고 너를 둘러 사면으로 가두고 44 또 너와 및 그 가운데 있는 네 자식들을 땅에 메어치며 돌 하나도 돌 위에 남기지 아니하리니 이는 네가 보살핌 받는 날을 알지 못함을 인함이니라 하시니라 (눅 19:41~44)

구약의 아모스 선지자는 이스라엘을 둘러싼 이웃 나라들의 악한 일에 대한 하나님의 심판을 선포하고, 이어서 하나님의 백성이었던 이스라엘의 흉악한 죄악을 드러내고 더 많이 책망하고 있습니다. 1장에서 다메섹, 가사, 두로, 에돔, 암몬 그리고 2장에서 모압과 유다의 죄를 강력하게 다룹니다. 그리고 2장 6절부터 9장까지는 이스라엘의 죄를 다루십니다. 그들의 죄가 심히 무거움을 보여줍니다. 오늘 이 시대에도 한반도 주변 나라와 남한과 북한을 향한 하나님의 책망이 있음을 명심해야 합니다.

누가복음 19장에서 예루살렘에 입성하시는 예수님을 만나게 됩니다. 누가는 예수님께서 예루살렘에 가까이 오사 성을 보시고 '우셨다'고 기록합니다. 왜 예수님은 우셨을까요? 그 직접적인 원인을 43~44절에서 찾아볼 수 있습니다. "날이 이를지라 네 원수들이 토둔을 쌓고 너를 둘러 사면으로 가두고 또 너와 및 그 가운데 있는 네 자식들을 땅에 메어치며 돌 하나도 돌 위에 남기지 아니하리니"

예수님은 그날로부터 40년 후의 일을 말씀한 것입니다. 예루살렘 성은 주후 70년 로마제국에 의해 돌 하나도 돌 위에 놓이지 못한 채 멸망합니다. 로마 티투스 장군은 4개 군단을 이끌고 예루살렘에 격심한 공격을 퍼붓습니다. 성전도 산산조각이 나고 성벽도 다 깨지고 도시는 다 불타버렸습니다. 역사가 요세푸스는 당시 포위 공격을 당했던 예루살렘 성에서 전사한 사람들의 수가 110만 명이었고, 이들의 흐르는 피로 강물을 이루었다고 기록하고 있습니다. 예수님은 이스라엘 민족의 처참한 멸망을 보시고 깊은 슬픔과 애곡 속에서 예루살렘에 입성하십니다. 본문에서 등장하는 단어 '우셨다'라는 동사(εκλαυσεν, 에크라우센)는 '일반적인 울음'을 나타내는 것이 아니라 '통곡'하는 것을 말합니다. 예수님께서 계속하여 끊임없이 우셨음을 의미합니다. 지금 예수님은 '방성대곡'을 하고 계신 것입니다. 속에서부터 끓어오르는 슬픔을 견딜 수 없어서 목 놓아 우시는 깊은 슬픔, 애간장이 저미는 눈물을 쏟아내십니다. 예루살렘을 바라보시면서 우셨던 예수님께서 지금 한반도 상황을 바라보신다면 어떠실까요? 우리 예수님은 오늘 본문 말씀처럼 예루살렘 성을 바라보며 우시는 그 이상으로 통곡하실 것입니다.

먼저 예수님께서 북한의 현실을 목도하신다면, 어떻게 보실까요?

20세기 초, 한국 교회사에 중요한 획을 그은 사건 중 하나는 바로 1907년 평양에서 일어난 대부흥운동입니다. 그러나 공산주의 체제를 도입한 세계 여러 나라 중에서 아직까지 변화하지 않는 유일한 나라가 북한입니다. 종교의 자유를 허락지 않고 특정한 사람을 신과 같이 우상화하고 있는 나라입니다. 북한을 방문한 외국 기독교인은 봉수교회에서 북한 신도와 조용한 대화를 나누며 질문을 건넸습니다.

"하나님 섬기는 것과 수령님 섬기는 것 사이에서 혹시 갈등이 없습니까?"

그러자 그분이 의아하다는 듯이 이렇게 대답했습니다.

"하나님도 세상을 위하시고 수령님도 세상을 위하시는데 무슨 갈등이 있갔시요?"

주체사상을 가진 북한 그리스도인들은 수령에 대해 이렇게 생각합니다. 하나님께서 세상에 좋은 일을 하시는데 김일성 수령을 사용하셨다는 것입니다. 루이제 린저라는 독일의 유명 여류 작가가 북한을 방문하고 나서 쓴 책에서 이런 말을 했습니다.

"북한 사람들이 김일성 주석에 대해서 갖는 태도는 마치 가톨릭 교도들이 교황에 대해서 갖는 태도와 같다. 북한사회는 일종의 세속적 형태를 띤 바티카니즘이다."

카톨릭교도들은 교황과 하나님 사이에 어떤 모순도 느끼지 않습니다. 하나님께서 이 세상에 선을 행하시는 일에 사용되는 귀한 종이 바로 교황이라고 보는 것입니다.

일종의 정치적 바티카니즘인 것입니다. 이 표현이야말로 북한사회를 가장 정확하게 본 것이라 생각합니다. 북한사회는 이미 주체 이데올로기가 종교의 단계에 올라가 있는 일종의 유사 종교사회인 것입니다. 그리고 '북한사회'는 바로 이 '주체 이데올로기'라고 하는 사상적 수건에 깊이 덮여 있는 사회입니다, 북한은 2002년부터 올

해까지 기독교 최대 박해국가로 연속 선정됐습니다. 김일성 주체사상은 2007년 세계 10대 종교로 선정됐습니다. (교주 : 김씨 일가, 교리 : 주체사상, 교인 : 북한 주민), 북한에서 예수님을 믿다 발각되면 사형되든지, 정치범수용소로 끌려갑니다. 수용소에서 중노동과 각종 고문 등으로 죽어갑니다. 굶어 죽고, 얼어 죽고, 맞아 죽고, 고문당하다가 죽어가는 성도들 때문에 예수님의 마음은 갈가리 찢어지고, 예수님의 피눈물은 지금도 북한 땅을 가득 적시고 있습니다. 더군다나 많은 북쪽의 어린이를 비롯하여 숱한 생명이 굶주림과 영양실조로 죽어감을 보시고 통탄하여 우실 것입니다. 평양을 제외한 북한 지역 주민의 92%가 급성 영양실조, 결핵 등 각종 질병으로 인해 사망의 위협에 직면해 있으며, 수많은 아동들이 생명의 위기에 놓여 있다는 사실은 참으로 가슴 아픈 일입니다. 이러한 황무지 같은 어둠의 땅 북한의 모습을 주님은 보시면서 통곡하십니다.

반면 예수님께서 대한민국의 현실을 어떻게 보실까요?

대한민국은 자유민주주의 사회이므로 누구나 자유롭게 자신의 미래를 선택할 권리가 있습니다. 우리 시대의 사상이나 이념들을 스스로 상대화하며, 선택할 수 있는 사상 자유의 공간이 활짝 열려 있습니다. 북한 같은 전체주의 사회가 아니므로 누구나 신앙의 자유를 마음껏 누릴 수 있는 좋은 조건 속에 있습니다. 이와 같은 상황 속에서 한국 교회는 괄목할 만한 성장을 이루었고, 세계 교회의 귀감이 되는 한국 기독교로 자리매김했습니다.

안타까운 현실이지만, 현대 사회의 그리스도인들은 '황금 수건'으로 상징되는 세속적 가치관에 깊이 빠져들고 있습니다. 이것은 우리 사회가 천박한 '자본주의적 사고방식'에 지배당하고 있는 현실을 반영합니다. 이 모습은 황금 송아지를 만들고 이것이 우리를 구원하는 하나님이라고 섬겼던 아론의 우상숭배(출 32:4)가 맘모니즘을 잘 보여주고 있는 사건입니다. 아론의 우상숭배로 말미암아 이스라엘 백성들이 타락했던 것처럼 대한민국은 자본주의 세계에서 사는 동안 물질을 지배하기보다는 물질 만능주의에 빠진 노예가 되어 돈을 숭상하는 지경까지 이르렀습니다. 우리가 잘못된 물질 우상숭배를 통해 얼마나 많은 피해를 보고 있습니까? 이제는 대한민국과 교회들이 물질 우상숭배와 세속화하는 모습을 예수님께서 보신다면 북한사회의 모습을 보고 우셨던 것처럼 남한사회를 보면서 심히 통곡하실 것입니다. 지금 하나님의 눈으로 한반도 전체를 바라보실 때 심히 안타까워하며 우실 것입니다. 더 지체해서는 안 됩니다. 이제 우리 그리스도인은 한반도를 위해 눈물 흘리시는 주님의 마음에 동참하여 시대의 사명을 감당해야 합니다. 우리나라가 복음통일 되어 평화한국, 예수한국, 선교한국을 이루어 세계 선교를 감당하는 복된 나라가 되기를 기도합니다.

3. 통일의 쇠빗장을 여는 것은 복음의 공동체

10 사람이 흑암과 사망의 그늘에 앉으며 곤고와 쇠사슬에 매임은 11 하나님의 말씀을 거역하며 지존자의 뜻을 멸시함이라 12 그러므로 그가 고통을 주어 그들의 마음을 겸손하게 하셨으니 그들이 엎드러져도 돕는 자가 없었도다 13 이에 그들이 그 환난 중에 여호와께 부르짖으매 그들의 고통에서 구원하시되 14 흑암과 사망의 그늘에서 인도하여 내시고 그들의 얽어 맨 줄을 끊으셨도다 15 여호와의 인자하심과 인생에게 행하신 기적으로 말미암아 그를 찬송할지로다 16 그가 놋문을 깨뜨리시며 쇠빗장을 꺾으셨음이로다 (시 107:10~16)

10절의 "사람이 흑암과 사망의 그늘에 앉으며 곤고와 쇠사슬에 매임은" 말씀에서 보듯 바벨론에서 포로 생활하던 이스라엘의 상태는 흑암과 사망의 그늘에 앉은 것과 같았습니다. 사방이 캄캄하여 한 치 앞이 보이지 않았습니다. 아무런 미래도 소망도 없었습니다. 절체절명의 상태였습니다. 거기다 몸은 쇠사슬에 매여 있으니 힘을 쓸 수 없었습니다. 쇠사슬에 묶여서 캄캄한 감옥에 갇혀 있는 죄수들을 생각해 보십시오. 아무런 힘을 쓸 수 없고 어떤 기대도 할 수 없었습니다. 이스라엘 백성들이 이처럼 비참한 상황 가운데 있었습니다. 지금 한반도 상황도 비슷합니다. 남북 관계가 극도로 경색되어 있으며 앞날을 예측할 수 없을 만큼 캄캄합니다.

본문에 하나님께서 왜 택한 백성 이스라엘을 이처럼 비참하게 놔

두셨을까요? 11,12절에 "하나님의 말씀을 거역하며 지존자의 뜻을 멸시함이라. 그러므로 그가 고통을 주어 그들의 마음을 겸손하게 하셨으니, 그들이 엎드러져도 돕는 자가 없었도다."라고 말씀합니다. 그들이 하나님의 말씀을 거역하고 멸시했기 때문에 잠시 고통 가운데 내버려 두신 것입니다. 이로써 그들을 겸손케 하셨습니다. 마음이 가난해졌을 때 그들은 비로소 하나님께 부르짖었습니다. "하나님, 살려 주세요. 제발 저희를 구원해 주세요." 지금 우리가 가져야 할 믿음의 자세는 겸손과 회개입니다. 그러한 자세를 가질 때 하나님은 우리의 기도를 들으시고 응답하십니다.

그때 하나님께서 어떻게 하셨습니까? 13,14절에 "이에 그들이 그 환난 중에 여호와께 부르짖으매 그들의 고통에서 구원하시되 흑암과 사망의 그늘에서 인도하여 내시고 그들의 얽어맨 줄을 끊으셨도다."라고 말씀합니다. 하나님은 그들의 부르짖음을 들으시고 불쌍히 여기셨습니다. 그리고 그들을 고통에서 구원해 주셨습니다. 흑암과 사망의 그늘에서 구원해 내시고 그들을 얽어맨 쇠사슬을 끊어 주셨습니다. 16절에 "그가 놋문을 깨뜨리시며 쇠빗장을 꺾으셨음이로다"라고 말씀합니다. 놋으로 만든 청동문은 당시 바벨론의 강성함을 상징합니다. 당시 바벨론 성에는 100개의 놋문이 있었고 그 문들은 쇠빗장으로 잠겨 있었다고 합니다. 그처럼 강력한 바벨론 성에서 이스라엘이 어떻게 빠져나올 수가 있겠습니까? 그런데 하나님께서 개입하시자 그처럼 강력한 바벨론도 순식간에 망했습니다. 바사의 군대를 통해서 놋문을 깨뜨리시고 쇠빗장을 꺾으셨습니다. 그리고 이스라엘 백성들은 포로 생활을 끝내고 고국으로 돌아올 수 있습니다.

이 은혜와 감격이 얼마나 큰지 시편 126편 1, 2절은 이렇게 찬양하고 있습니다. "여호와께서 시온의 포로를 돌려보내실 때 우리는 꿈꾸는 것 같았도다 그때에 우리 입에는 웃음이 가득하고 우리 혀에는 찬양이 찼었도다." 이게 꿈인가 생시인가 할 정도로 너무나 감격스러운 심정이 전해지지 않습니까? "우리가 꿈꾸는 것 같았도다", "우리 입에는 웃음이 가득하였도다", "와, 해방이다. 해방이야!", "나 자유 얻었네, 너 자유 얻었네. 우리 자유 얻었네. 주 말씀하시길 쇠사슬 끊겼네, 우리 자유 얻었네. 할렐루야!"

우리도 원치 않게 죄를 범하고 죄의 포로가 되었을 때 너무나 비참한 형편이었습니다. 그런데 우리 힘으로 어떻게 할 방법이 없었습니다. 이런 우리를 주님께서 불쌍히 여기시고 구원해 주셨습니다. 주님께서 예수님의 십자가 보혈로 우리를 얽어매고 있던 죄의 사슬을 끊어주셨습니다. 이로써 우리에게 참 자유를 선물로 주셨습니다. 그 결과 우리는 성령을 따라 행함으로 거룩한 삶을 살 수 있습니다. 우리가 복음의 본질을 알고 주님께로 돌아오면 하나님께서 무너지지 않을 한반도의 분단, 놋문을 깨뜨리시며 3.8선의 쇠빗장도 꺾으십니다. 그리하여 하나님은 한반도의 복음 통일이라는 엄청난 선물을 주실 것입니다. 이 말씀을 붙잡고 꿈을 꾸며 북한 동포들에게 복음을 전할 거룩한 꿈을 꾸며 준비합시다. 이것이 복음의 공동체가 감당해야 할 시대적 사명입니다.

내가 또 다윗의 집의 열쇠를 그의 어깨에 두리니 그가 열면 닫을 자가
없겠고 닫으면 열 자가 없으리라 (사 22:22)

4. 예수가 통일의 중심, 교회가 통일의 중심

그는 우리의 화평이신지라 둘로 하나를 만드사 원수 된 것 곧 중간에
막힌 담을 자기 육체로 허무시고 (엡 2:14)

1953년의 정전 이후 오랜 세월 동안 우리 민족은 서로 화해하지
못한 채 분단의 상처를 안고 살아왔습니다. 우리 민족은 군사적 긴
장과 대결 속에서, 소모적인 군비경쟁과 전쟁 준비를 하며 하나님
과 세계와 역사 앞에 부끄러운 분단국가로 살고 있습니다. 먼저 우
리는 다가오는 평화통일을 맞이하기 위하여, 분단국가 시민으로 살
고 있는 현실에 대한 무관심과 분단으로 인한 상처와 갈등, 분열을
성찰하고 회개해야 합니다. 분단의 죄책을 고백하고 화해와 상생의
정신을 실천하여 불신과 분열을 극복하고 신뢰와 안전, 평화의 한
반도를 만들어가야 합니다. 우리는 하나님의 은총 안에서 하나님
말씀에 기초하여 평화통일이 이루어질 수 있도록 힘써야 합니다.
우리 삶의 자리에서 하나님의 나라와 그의 의를 실천하며 민족의
치유와 화해의 여정을 담대하게 걸어야 합니다.
한반도의 화해와 평화통일을 위한 일과 더불어 통일선교는 분단

시대를 살아가고 있는 우리 모두에게 주신 하나님의 사명입니다. 분단 시대 속에서 살고 있는 우리는 하나님으로부터 민족의 치유와 화해, 평화통일을 이뤄야 할 소명을 받았으며, 통일 한국에 대한 사명이 있습니다. 우리는 하나님께서 한반도 땅에 평화통일을 선물로 주실 그날까지 희망을 품고 인내하며 민족의 화해와 평화통일을 위한 일에 최선을 다해야 합니다. 북한 주민들이 경제적으로 궁핍하지 않도록 도움의 손길을 펼쳐야 합니다. 특별히 우리의 자녀들과 더불어, 장차 한반도의 다음 세대의 주인공이 될 북한의 어린이들이 건강하게 잘 자랄 수 있도록 돕는 일에 최선을 다해야 합니다.

이것이 우리에게 주어진 역사적 사명입니다. 다음 세대는 남과 북이 하나가 된 나라에서 평화와 번영을 누리며, 세계선교의 사명을 감당하는 통일한국의 백성이 되도록 해야 하겠습니다. 북한주민들이 하나님께 예배드릴 수 있는 환경이 조성되도록 힘써야 합니다. 북한 전 지역에 하나님을 경배하고 찬양하는 예배당이 다시 세워지고, 북한 주민들이 자유롭게 신앙생활을 하며, 하나님의 사랑과 은혜에 감사와 찬양을 드리는 그날이 성취되는 비전을 품고 기도해야 합니다.

탈북민들이 남한사회에 잘 정착하고 신앙인으로 살아갈 수 있도록 함께 해야 합니다. 탈북민들은 문화가 다른 남한에 정착하면서 많은 어려움을 겪고 있습니다. 탈북민들은 남과 북이 더불어 사는 미래의 통일한국을 준비하도록 하나님이 미리 보낸 사람들입니다. 탈북민들이 사회와 교회의 건강한 일원으로 자리매김을 잘할 수 있도록 섬기는 일에 최선을 다해야 합니다.

한국교회가 우리의 화평이신 예수 그리스도를 본받아 민족 분단의 상처를 치유하고 남과 북이 화해하며, 나누어진 민족이 하나가 되는 평화통일의 꿈을 이루는 일에 한 알의 밀알이 되기를 기도합니다.

5. 교회가 먼저 조국을 위한 화목제물

사랑은 여기 있으니 우리가 하나님을 사랑한 것이 아니요 오직 하나님이 우리를 사랑하사 우리 죄를 인하여 화목제로 그 아들을 보내셨음이니라 (요일 4:10)

지금 한국교회에서 시급히 요청되는 것은 화려한 예배나 대중적인 행사 이전에 교회가 분단국가를 위해 예수님처럼 화목제물이 되어 서로 붙잡고 울면서 '화해와 평화와 통일'을 이루는 것입니다.

하나님과 우리 사이에 있는 막힌 담을 허물고 하나님께 예배드려야 합니다. 구약시대에는 소나 양 같은 제물을 드렸습니다. 그러나 신약에서는 예수 그리스도께서 친히 화목제물이 되셨습니다. 짐승을 잡아서 드리는 제물은 인간의 죄를 영원히 사하지 못합니다. 일시적이고 순간적입니다. 제사를 드린 후에 또 죄를 지으면 다시 제물을 드려야 합니다. 그래서 예수 그리스도를 단번에 십자가에 드리심으로 영원한 속죄를 이루신 것입니다. 히브리서 기자는 10장 4절에 "황소와 염소의 피가 능히 죄를 없이 하지 못함이라." 라고 말씀하십니다. 그래서 5절에 "하나님이 제사와 예물을 원치 아니하시고 오직 나를 위하여 한몸을 예비하셨도다"라고 말씀합니다. 그 한몸이 바로 예수 그리스도이십니다. 10절에 "예수 그리스도의 몸을 단번에 드리심으로 말미암아 우리가 거룩함을 얻었노라"고 말씀합니다. 그리고 14절에 "저가 한 제물로 거룩하게 된 자들을 영원히 온전케 하셨느니라"고 말씀합니다. 요한은 예수님께서 이 세상에 오신 목적을 이렇게 말했습니다. "사랑은 여기 있으니 우리가 하나님을 사랑한 것이 아니요 오직 하나님이 우리를 사랑하사 우리 죄를 인하여 화목제로 그 아들을 보내셨음이니라(요일 4:10)." 예수님은 우리 죄를 위한 화목제물로 오신 것입니다.

오늘 우리는 화목제물이 되신 예수 안에서 평화를 누리게 되었습니다. 에베소서 기자는 2장 17절에 "또 오셔서 먼 데 있는 너희에게 평안을 전하고 가까운 데 있는 자들에게 평안을 전하셨다."라고 말씀합니다. 이사야 선지자는 53장 5절에 "그가 찔림은 우리의 허물을 인함이요 그가 상함은 우리의 죄악을 인함이라 그가 징계를 받음으로 우리가 평화를 누리고 그가 채찍에 맞음으로 우리가 나음을 입었도다."라고 말씀합니다.

그러므로 우리는 우리 자신을 이 세상과 하나님을 화목하게 하는 화목제물로 내어놓아야 합니다. "그러므로 형제들아 내가 하나님의 모든 자비하심으로 너희를 권하노니 너희 몸을 하나님이 기뻐하시는 거룩한 산 제사로 드리라 이는 너희의 드릴 영적 예배니라(롬 12:1)." 하나님은 우리가 제물 되기를 원하십니다. 그리하여 또 다른 사람이 하나님과 화목하게 되고 평강을 누리기를 원하십니다. 하나님은 우리에게 화목하게 하는 직책을 주시고 화목하게 하는 말씀을 부탁했습니다. "모든 것이 하나님께로 났나니 저가 그리스도로 말미암아 우리를 자기와 화목하게 하시고 또 우리에게 화목하게 하는 직책을 주셨으니 이는 하나님께서 그리스도 안에 계시사 세상을 자기와 화목하게 하시며 저희의 죄를 저희에게 돌리지 아니하시고 화목하게 하는 말씀을 우리에게 부탁하셨느니라(고후 5:18,19)." 그러므로 우리는 그리스도의 사신이 되어 세상을 하나님 앞으로 인도하는 일에 최선을 다해야 합니다. "이러므로 우리가 그리스도를 대신하여 사신이 되어 하나님이 우리로 너희를 권면하시는 것같이 그리스도를 대신하여 간구하노니 너희는 하나님과 화목하라 하나님이 죄를 알지도 못하신 자로 우리를 대신하여 죄를 삼으신 것은 우리로 하여금 저의 안에서 하나님의 의가 되게 하려 하심이니라 (고후 5:20)."

교회가 말씀대로 실천하여 분단된 조국을 위한 화목제물이 되어 먼저 온유하고 겸손한 자세를 지니고 '화해와 평화와 통일'을 이루는 삶을 살 때, 양극으로 치닫는 우리 사회도 감동받게 될 것입니다. 그러면 적대적으로 치닫고 있는 동서와 남북의 '화해와 평화 그리고 통일'도 조만간 이루어질 것입니다.

6. 교회가 통일의 실개천

여호와가 너를 항상 인도하여 메마른 곳에서도 네 영혼을 만족하게 하
며 네 뼈를 견고하게 하리니 너는 물 댄 동산 같겠고 물이 끊어지지 아
니하는 샘 같을 것이라 (사 58:11)

'삼천리 금수강산'이라 일컬어지는 한반도에는 무수한 실개천들
이 굽이굽이 흐르고 있습니다. 깊은 산골짜기에서 시작된 작은 물
줄기들이 모여 내를 이루고, 내는 다시 강으로 흘러들어 마침내 동
해와 서해, 남해에 도달하여 풍요로운 생명의 보고인 바다를 형성
합니다.

해불양수(海不讓水)라는 말처럼 바다는 육지에서 흘러드는 모든
물을 차별 없이 포용합니다. 바닷물 속 3%의 소금이 갖는 정화 능
력 덕분에 가능합니다. 70년이 넘는 세월 동안 남과 북으로 갈라진
한반도는 통일을 숙원하고 있으나 그 길은 여전히 요원하게 느껴집
니다. 6.25 전쟁이 남긴 상흔은 남북 분단을 넘어 우리 사회 전반에
걸쳐 집단적, 사회적 트라우마로 자리 잡았으며 화해와 용서보다는
증오와 혐오의 감정이 고질적인 사회문제로 남아있습니다. 통일 문
제 해결의 주체가 되어야 할 정치권은 표면적으로는 통일을 논하지
만 실제로는 이를 자신들의 권력 유지를 위한 정치적 도구로 활용
하고 있습니다. 좌우 이념과 진영 논리에 몰두한 나머지 국민적 통
합을 저해하고, 통일을 향한 열망을 약화하는 현실은 개탄스럽기

그지없습니다. 교회는 이와 같은 현실 속에서 중요한 역할을 수행해야 합니다. 역할의 목표는 통일이며, 내용은 평화이고, 방법은 복음에 기반해야 합니다.

드넓은 바다가 3%의 염분으로 인해 부패하지 않고 유지되듯 예수 그리스도의 화해와 용서의 복음과 희년 정신은 이 시대의 등불이자 소금이 되어 이 땅에 통일의 정신을 새롭게 정화할 것입니다. 우리 교회가 통일을 향한 노력을 끊임없이 지속하여 이 땅 곳곳에 통일의 물결이 퍼져 나가는 근원지가 되기를 소망합니다.

7. 통일을 위한 영적 조건

14 내 이름으로 일컫는 내 백성이 그들의 악한 길에서 떠나 스스로 낮추고 기도하여 내 얼굴을 찾으면 내가 하늘에서 듣고 그들의 죄를 사하고 그들의 땅을 고칠지라 15 이제 이곳에서 하는 기도에 내가 눈을 들고 귀를 기울이리니 (대상 7:14~15)

희년, 평화, 통일을 위해서는 우리는 어떠한 영적 조건이 필요할까요? 오랫동안 우리는 복음적 통일을 위해 간절히 기도해 왔습니다. 그런데 지금까지 기도는 응답 되지 않고 남북 관계는 오히려 경색되어 있습니다. 그래서 우리가 드리는 기도에 문제는 없는지 확인해야 합니다. 우리가 하나님께 드리는 기도와 간구가 성경을 통해 하나님의 뜻과 일치하는지 확인해야 하며, 우리에게 향하신 하나님의 뜻이 무엇인지 유심히 잘 살펴보아야 합니다. 우리는 무조건 통일이 하나님의 뜻에 맞는 것이라고 당연시하며 그 자리에 머문 채 더 나아가지 못하고 있습니다. 깊은 성찰과 회개가 필요한 때입니다.

1) 통일에 앞서 한국교회의 불일치를 회개해야 합니다

먼저 한국교회의 일치에 대한 오해가 있습니다. 무조건 모든 교단이 하나 되어야 한다는 뜻이 아니라 다양성을 인정하면서 화해와 협력을 추구하며 실천해야 한다는 것입니다.

한국교회는 오직 성경을 하나님의 말씀으로 철저히 믿는다고 고백하며 자랑스러워합니다. 성경에는 '서로 사랑하라'는 말씀이 68번이 넘게 나오지만 우리는 그 사랑을 실천하기 위해 그만큼 애쓰지 않습니다. 우리는 서로 다투고 비방하는 데 큰 노력을 허비하고 있습니다. 우리가 그리스도의 몸의 하나 됨보다 조국통일에 우선순위를 두고 우상화한다면 우리는 우상숭배자가 될 것입니다. 그리고 한국교회 분열에 대해 무관심하고 방치한다면 우리가 보이는 통일의 관심은 거짓이며 위선입니다.

요한복음 13장 34~35절 말씀을 적용해 보면 다음과 같습니다. "네가 속한 교회와 교단 그리고 공동체가 먼저 화해와 협력을 할 수 없다면 너는 한반도 통일을 위해 기도할 자격이 없다." 우리 그리스도인들은 무릎을 꿇고 하나님께서 우리에게 회개와 우리의 분열에 대한 무엇인가 할 수 있는 결단력을 주시고, 우리 마음 가운데 성령님의 충만으로 채워 주시고, 우리의 돌같이 굳은 마음 대신에 부드러운 마음을 주시도록 부르짖어야 합니다. 먼저 우리 그리스도인들이 서로가 화해와 협력을 할 수 없다면, 어떻게 우리가 북한 동포들과 화해와 소통이 이루어지길 기대할 수 있겠습니까?

우리는 예수님의 복음에 대한 깊은 깨달음과 순종이 필요합니다. 우리가 성령님으로 하여금 서로를 향한 사랑이 우리 안에 가득하기를 간구하고 이 문제에 있어 성경이 가르치는 바를 받아들일 때 성령님께서 나아가야 할 바를 알 수 있는 지혜를 주실 것입니다

시편 85편 10절에 "긍휼과 진리가 같이 만나고 의와 화평이 서로 입맞추었으며"라고 말씀합니다. 이 본문에서 하나님께서 말씀하시는 바가 무엇입니까? 자비, 진리, 공의, 평화, 이 네 가지 요소 모두가 하나님과의 건강한 관계에 필요하고 그분의 복을 이 땅(12절)에 임하게 하는 데 필요한 것입니다. 한국교회는 온갖 강단과 신학교에서 진리를 설파하고 있지만 자비는 부족합니다. 공의는 어떠합니까? 공의의 실천이 부족하고 그 안에는 평화가 없어 각 교단이 다른 교단을 공격하고 교회도 쪼개지기를 거듭합니다.

이러한 교회가 어떻게 하나님께서 이 나라에 복 주시기를 바랄 수 있겠습니까? 많은 그리스도인이 사회적, 정치적으로 부패에 참여했던 것이 드러나고 있습니다. 그들 중에는 평신도들뿐 아니라 장로와 목사들도 많습니다.

"내가 그들에게 한마음과 한 도(道)를 주어 항상 나를 경외하게 하리니, 이것이 자기들과 자기 후손들의 복이 될 것이다(렘 32:39)."

"내가 그들에게 일치한 마음을 주고 그 속에 새 신을 주며 그 몸에서 굳은 마음을 제하고 부드러운 마음을 주어서(겔 11:19)."

하나님께서 무슨 말씀을 하십니까? 예수 그리스도의 죽음과 부활을 통해 효력을 갖게 된 새 언약은 하나 됨의 언약입니다. 성령님의 은사로 말미암아 하나님께서는 우리에게 한마음과 한 길(道)을 주겠다고 약속하셨습니다. 우리 그리스도인들이 다양성을 인정하며 예수님 안에서 한마음을 갖고 성숙한 마음으로 소통할 때 복음적 통일이 이루어질 것입니다.

2) 공의(公義)와 공정(公正)입니다

대부분의 남한사람은 북한의 현 체제가 최악이며 불의하다고 생각합니다. 그렇다면 남한은 과연 공의(公義)와 공정(公正)을 온전히 실천하고 있을까요?

그리고 오늘날 그리스도인이 공의와 공정에 대한 성경의 가르침을 얼마나 알고 있을까요? 예수님께서 '너희는 먼저 하나님의 나라와 그의 공의를 구하라'고 하셨는데 그 의미는 무엇입니까? 남한은 하나님의 나라와 의를 구하고 있으며 그것이 실현되고 있습니까? 지금 대한민국 사회는 유전무죄, 무전유죄라는 통념이 주류를 이루고 있습니다. 돈을 가장 많이 줄 수 있는 사람이 판사로부터 유리한 판결을 받는다면 과연 그것이 공의와 공정입니까? 돈 있는 사람은 뭐든지 할 수 있지만 한 푼도 없는 사람은 아무것도 받지 못할 때, 그것이 어떻게 건강한 국가이며 사회일까요?

그래서 그리스도인들은 먼저 남한 교회가 공의와 공정에 더욱 관심을 갖도록 기도하고 실천해야 합니다. 그 다음에는 정치권이나 경제계의 실력자들이 성경적 공의를 법률로 제정하고 실천하는 일을 시작하도록 기도해야 합니다. 오순절에 성령님께서 교회 위에 내리셨을 때 부동산(토지와 주택)을 팔아 토지 판매 수익금을 필요에 따라 나누었습니다.

3) 자비와 사랑입니다

하나님은 자비와 사랑을 베푸시는 주님입니다. 오늘날 가난한 사람들의 수가 계속 늘어나고 고아와 과부는 착취당하고 무시되고 있습니다. 가난한 사람들의 문제를 자선사업으로 해결하려는 사람들은 자신들의 재원이 늘 부족하다는 것을 알게 됩니다. 공의와 공정이 실천되면 자선 사역이 수월하게 진행되어 많은 분이 혜택을 받을 수 있습니다. 북한과 대화하려면 우리는 먼저 공의로울 뿐 아니라 자비가 준비되어 있어야 합니다. 하나님께서 우리에게 북한동포를 진실로 사랑할 수 있는 마음을 채우시고 그러한 사랑을 실제로 실천할 줄 아는 자비와 사랑을 주시도록 구해야 합니다.

4) 겸손입니다

하나님께서 공의와 자비와 연결하는 네 번째 겸손입니다. 겸손히 네 하나님과 함께 행하는 것입니다. 많은 그리스도인은 자신들이 하나님의 율법을 지키고 있음을 자랑스럽게 생각하고 스스로 교회의 기둥 같은 존재임을 자랑하지만, 겸손히 하나님과 함께 행하는 것이 부족합니다. 우리가 북한의 동포들에게 거만한 태도로 대화를 시도한다면 또 다른 상처와 갈등이 증폭될 것입니다. 우리는 하나님의 깊은 겸손이 우리에게 임하게 해달라고 간구해야 합니다. 우리에게 그러한 겸손이 있을 때 예수 그리스도를 만난 적도 없고 그분의 나타나심을 본 적도 없는 북한동포들과 대화를 할 수 있게 될 것입니다. 그들은 우리를 통하지 않고는 예수님께 갈 수가 없습니다. 우리가 겸손하고 자비롭고 토지권에 기반을 둔 공의를 추구한다면 그때는 북한동포들과 대화의 여지가 생깁니다. 그렇게 되면 그들 중에 정직한 사람들이 우리 인격과 삶을 통해 그리스도를 보고 예수님을 알고 싶어 할 것입니다.

5) 공동체 회복입니다

북한정부는 종교를 갖지 못하게 합니다. 그래서 북한주민들은 우리보다는 순수합니다. 그래서 우리는 복음을 가지고 아름다운 통일비전을 만들 수 있습니다. 북한의 주체사상과 남한의 민주주의 사이의 중간 지대는 존재할까요? 그 해답은 성경에 나타나는 공동체를 통해 찾을 수 있습니다. 공동체에서 핵심 단어는 '서로 서로'이며 이것이야말로 성경에서 계속해서 되풀이되는 표현입니다. 성경은 우리에게 서로 사랑하라고 하고 이것을 삶 가운데 나타내어야 한다고 강하게 말씀하십니다. 우리는 실제적, 심리적, 영적인 모든 면에서 함께 짐을 져야 합니다.

한국교회가 성경적 코이노니아를 실천하며 살아내며 그것을 북한사회와 동포에게 설명해 주고 모범을 보여준다면, 그들이 추구한 공산주의란 코이노니아의 모방이고 대단히 조잡스러운 모조품이자 속임수에 불과하다는 것을 깨닫게 될 것입니다. 하나님께서 은혜를 베푸셔서 코이노니아가 무엇인지 이해하여 코이노니아를 그리스도인 가운데 실천할 방법들을 주시도록 간구해야 합니다. 그렇게 할 때 우리는 당당하게 북한동포와 함께 할 수 있습니다.

6) 기복신앙을 극복하는 것입니다

한국교회가 가지고 있는 가장 큰 병폐의 중심에는 인간의 욕심으로 가득 찬 기복주의 신앙이 있습니다. 북한 공산주의 사회에도 샤머니즘이 지속되어 왔습니다. 그래서 통일이 된 후에도 북한사회에서 기독교적 기복주의 신앙은 늘어날 가능성이 큽니다. 왜냐하면 북한사회는 샤머니즘에 대해서는 호의적인 반응을 보일 수도 있기 때문입니다. 마르크스주의 및 주체사상은 예수 그리스도의 말씀을 위협으로 간주합니다. 하지만 오늘날 한국교회가 가지고 있는 대다수 기복주의적 신앙은 북한사회가 보기에 전혀 위협이 되지 않습니다. 왜냐하면 인간의 욕심을 채우는 샤머니즘은 북한사회와 거의 비슷하기 때문입니다.

실제로 남한의 많은 그리스도인에게서 샤머니즘적인 심성으로 믿음생활을 하면서 성공하기를 바라는 성향을 발견할 수 있습니다. 우리가 기복신앙을 가지고 북한으로 가면 환영을 받기는 하겠지만 오래 가지 못할 것입니다. 이와 같은 기복신앙은 사람들의 마음을 근본적으로 변화시키지 못할 것이고 도리어 북한동포들의 이기심만 강화할 것입니다.

이제 우리는 예수 복음의 본질을 회복하여 자기 십자가와 부활을 가지고 북한동포와 대화하고 협력해야 합니다.

사랑 하는 친구들이여, 우리는
서 로 서로 사랑 해야 합니다.
왜냐 하면 사랑은 하나님께로부터
오기 때문 입니다. 사랑하는 사람은
하나님의 자녀가 된 것이며, 또한
하나님을 안다고 할수 있 습니다.
하나님은 사랑 이시기에, 사랑할
줄 모르 는 사람은 하나님을 알지
못하는 자입니다.

_____ 하나님 감사 합니다

참빛이 있있습니다.
그 빛은 세상에 와서
모든 사람을 비췄습니다

이
름

한꿈학교
한 꿈 교 회

사 랑 하는 친구
여러분 ! 하나님께서
이처럼 우리를 사랑해
주섰으니 우리 역시
서로를 사랑 해야만
합니다.
이것이 우리를 향하신
하나님의 뜻 입니다.

한글을 배운 탈북 청소년의 그림일기

Ⅱ

통일을 위해 한걸음
먼저 나아가는 한꿈교회

교회는 기도의 자리에 머물지 말고
통일을 위해 연습하고 훈련해야 합니다

통일을 위해 한걸음
먼저 나아가는 한꿈교회

일곱 번째 이르러서는 그가 말하되 바다에서 사람의 손 만한 작은 구름
이 일어나나이다 이르되 올라가 아합에게 말하기를 비에 막히지 아니
하도록 마차를 갖추고 내려가소서 하라 하니라 (왕상 18:44)

너희는 유대인이나 헬라인이나 종이나 자유인이나 남자나 여자나 다
그리스도 예수 안에서 하나이니라 (갈 3:28)

우리가 복음 통일을 위하여 기도한 지 오래되었지만, 아직도 남
북관계는 좋아지기보다 더 나빠지고 있습니다. 그래서 낙심될 때도
있지만 말씀처럼 '손 만한 작은 구름'이 우리에게 보입니다. 그것은
우리 곁에 찾아온 탈북동포들입니다. 우리에게도 손바닥만 한 작은

구름이 일어나는 것을 보고 응답을 선포하였던 엘리야 같은 믿음이 필요합니다. 한국교회가 먼저 탈북민과 하나 되는 연습을 해야 합니다. 남북통일과 평화는 구호만으로 이뤄지는 것이 아닙니다. 남북한 성도가 복음 안에서 진정으로 하나가 되는 작은 통일이 될 때 복음통일이 오는 것입니다. 남북통일은 하나님께서 허락하실 때에 홀연히 이뤄질 것입니다. 그때를 대비해서 교회는 통일을 연습하고 훈련해야 합니다. 먼저 국내에서부터 남북한 그리스도인이 복음의 공동체를 이룰 때 하나님은 통일을 선물로 주십니다. 통일에 대하여 지금은 '손 만한 작은 구름'에 불과하지만 우리는 한꿈교회를 통하여 희년 사회, 남북한 연합, 한반도 평화라는 큰비를 기대하고 있습니다.

교회 수련회

1. 한꿈교회 희년신앙으로 개척

너희는 오십 년째 해를 거룩하게 하여 그 땅에 있는 모든 주민을 위하여 자유를 공포하라 이 해는 너희에게 희년이니 너희는 각각 자기의 소유지로 돌아가며 각각 자기의 가족에게로 돌아갈지며
(레위기 25장 10절)

한 : '크다'와 '한민족의 하나 됨'을 의미합니다.
꿈 : '통일한국 넘어 세계선교와 평화에 기여하는 꿈

한꿈 : 우리민족의 한(恨)을 복음으로 푼다는 의미 포함

비전은 희년사회를 꿈꾸며, 실천하는 공동체입니다.

· 남과 북이 하나 되는 희년공동체
· 분단을 넘어 평화를 향한 희년공동체
· 열방에 복음을 전하는 희년공동체

한꿈교회가 추구하는 희년의 영성은 '화해와 평화 그리고 한몸 됨'입니다.
'화해'는 하나님의 뜻과 비전입니다.
'평화'는 성경의 목표이며 역사의 완성점입니다.

'한몸 됨'은 예수님의 몸을 이루어 가는 것입니다.

1) 한꿈교회는 크게 4가지 방법으로 통일사역을 하고 있습니다.

그것은 예배공동체, 사랑방 모임, 중보기도, 통일선교입니다.

(1) 남과 북이 함께 통일을 준비하는 예배공동체를 이루고 있습
니다.

통일 이후에 함께 할 남북한이 하나 된 교회공동체를 미리 준
비하고 우리 교회공동체를 통해 통일 이후에 세워질 교회 모
델이 되기 위해 힘쓰고 있습니다.

(2) 사랑방은 한꿈교회에 등록된 성도들의 소그룹 모임입니다.

남과북 성도들이 '매일성경' 묵상을 통해 말씀과 삶을 나누며
성도 간의 교제를 갖는 양육 모임입니다. 예배 후 모임을 통하
여 양육을 받으실 수 있으며 공동체의 소속감과 인격적인 관
계 형성을 이루어 가며 전반적인 생활의 영역에서 서로 돕고
섬기는 사랑의 공동체입니다. 기도로 훈련된 일꾼과 사랑방
모임에서 함께 모여 준비된 찬양과 기도의 따뜻한 교재를 나
눕니다.

(3) 중보기도는 남북한 공동체 한 사람 한 사람을 위해 기도합니다.

특히 북한과 제3국에 있는 가족들을 위해서 중보기도 합니다.
그리고 남한사회 정착과 적응을 위해서 기도제목을 나누며
중보기도 합니다. 공예배와 각 사역, 선교지와 선교사님, 유관

기관과 단체, 더 나아가 피흘림 없는 복음적 평화통일과 북한의 복음화를 위해서 기도합니다.

(4) 통일선교 사역을 함께하고 있습니다.

조·중 접경 지역에 현지 사역자들과 함께 대북지원을 협력하며 운영하고 있습니다. 현지 사역자들을 통해 할 수 있는 방법을 다 동원하여 어려운 북한에 있는 동포들에게 식량 및 필요한 것들을 직접 보내는 사역을 하고 있습니다.

① 제3국에서 인권유린을 당하고 있는 탈북난민 구출사역에 협력하고 있습니다. 탈북성도들의 가족구출 사역을 협력하고 있습니다. 그 가운데 중국에서 인신매매로 잡혀있는 탈북 여성들, 노래방이나 술집에서 종사하고 있는 여성, 부모 없는 꽃제비 아이들, 신분이 밝혀져 북송 위기에 있는 탈북동포들을 한국으로 인도하는 사역을 현지 사역자들과 함께 협력하고 있습니다.

② 지역교회가 통일을 잘 준비할 수 있도록 돕는 사역과 담임목사는 여러 기독교단체와 신학대학원에서 통일 선교 강의 통해 북한 사역자들을 양육하고 있습니다.

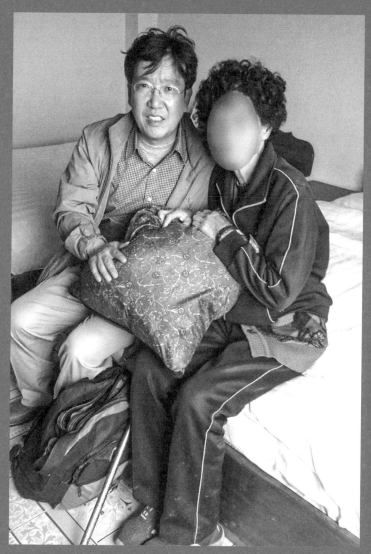

탈북 난민구출 사역 통해 1000여명 한국 입국

2) 한꿈교회는 화해와 평화, 한몸 됨을 추구합니다.

지금 한국교회와 사회 안에 시급하게 요청되는 것은 화려한 예배나 정통 진리의 선포 이전에 '화해와 평화와 하나 됨'을 이루는 것입니다. 그것은 '의인 의식'을 가질 때는 불가능하고 '죄인 의식'을 가질 때 비로소 가능해진다고 생각합니다. 교회가 먼저 낮은 자세와 온유하고 겸손한 자세를 지니고 '예수님의 마음'을 이룰 때 양극으로 치닫는 우리 사회와 정치도 '선한 영향력'을 받아서 함께 하고자 하는 자극과 감동을 받게 됩니다. 그리고 적대적으로 치닫는 남북의 '화해와 평화와 하나 됨'도 조만간 이루어질 것입니다.

(1) 화해의 영성

> 야곱은 홀로 남았더니 어떤 사람이 날이 새도록 야곱과 씨름하다가 자기가 야곱을 이기지 못함을 보고 그가 야곱의 허벅지 관절을 치매 야곱의 허벅지 관절이 그 사람과 씨름할 때에 어긋났더라 (창 32:24~25)

통일을 위한 첫 마당은 화해에서 출발합니다. 화해를 이루기 위해서는 자기부터 갱신해야 합니다. 만남과 화해는 변화와 변혁 후에 이루어집니다. 야곱과 에서 이야기(창 25~33장)는 우리 귀에 아주 친숙합니다. 이 본문은 분단 현실을 살고 있는 우리에게 참으로 많은 교훈을 줍니다. 야곱과 에서의 삶은 분단된 형제의 역사로 읽힐 수도 있기 때문입니다.

삼촌 라반에게 얹혀살던 야곱이 고향으로 돌아오게 됩니다. 고향으로 돌아오는 길에 야곱은 얍복나루를 건너야 합니다. 야곱은 에서의 보복이 두렵고 무서웠습니다. 이십여 년의 세월이 흘렀지만 에서의 장자권과 축복권을 가로챘던 야곱의 죄책감이 사라지지 않았기 때문입니다. 헤어졌던 사람들이 다시 만나는 길은 이처럼 쉽지 않습니다. 야곱은 지금 몹시 불안하기만 합니다. 과연 어떻게 해서 야곱이 얍복나루를 건너갈 수가 있었습니까? 그것은 바로 야곱 자신이 하나님 앞에서 먼저 변화되었기 때문입니다.

창세기 25~33장 말씀은 남과 북의 만남은 깊은 회개와 성찰에서부터 출발해야 함을 보여줍니다. 평화적이지 않았던 옛 모습을 회개해야 합니다. 통일적이지 못했던 정책을 성찰해야 합니다. 화해적이지 못했던 사고방식을 뉘우쳐야 합니다. 야곱의 얍복나루 사건은 바로 이 점을 적나라하게 보여줍니다. 이런 변화 후에야 야곱과 에서는 '뜨겁게' 만날 수 있었습니다. 우리 교회도 먼저 창세기 32장 이야기를 야곱의 심정으로 살펴보아야 합니다. 왜냐하면 우리가 먼저 변화와 성찰이 되어야 통일로 가기 때문입니다.

(2) 평화의 영성

그는 우리의 화평이신지라 둘로 하나를 만드사 원수 된 것 곧 중간에 막힌 담을 자기 육체로 허시고 법조문으로 된 계명의 율법을 폐하셨으니 이는 이 둘로 자기 안에서 한 새 사람을 지어 화평하게 하시고 또 십자가로 이 둘을 한몸으로 하나님과 화목하게 하려 하심이라 원수된 것

을 십자가로 소멸하시고 (엡 2:14~16)

에베소서는 주로 이방인 그리스도인들로 구성된 교회에 보낸 서신입니다. 초대교회의 초기에는 유대인 그리스도인들이 절대다수를 차지하고 있었고, 이방인 성도들은 극소수였습니다. 그러나 시간이 흐를수록, 특히 로마에 의해서 예루살렘이 파괴된 이후부터는 점차 그 상황이 역전되었습니다. 이방인 그리스도인들이 점차 다수가 되었고 유대인 그리스도인들은 소수로 전락하게 되었습니다. 에베소서가 기록될 당시 소아시아 지방에는 다수의 이방인 그리스도인 속에 소수의 유대인 그리스도인이 섞여 살게 되었습니다. 교회 안에서 이 두 인종 출신의 성도들 간에 상당한 갈등이 있었던 것 같습니다. 이 문제를 해결하기 위하여 에베소서가 기록되었습니다.

에베소서 2장 14~16절 말씀에는 그리스도인은 평화를 만들라는 의미가 있습니다. 그래서 그리스도인은 둘로 갈라진 것을 하나 되게 해야 합니다. 그리스도인은 불신과 비방을 극복하는 화해의 사도가 되어야 합니다. 에베소서 2장 14~16절에 나오는 유대인과 이방인이란 말을 오늘의 남한과 북한으로 바꾸어서 적용할 수 있습니다. 그리스도는 우리의 평화입니다. 그리스도께서는 남한과 북한이 양쪽으로 갈라져 있는 것을 하나로 만드시는 분입니다.

그는 남과 북 사이를 가르는 담을 자기 몸으로 허무서서 원수 된 것을 푸시고 여러 가지 조문으로 된 계명의 율법을 폐하셨습니다. 그것은 남과 북을 자기 안에서 하나의 새 민족으로 만드사 평화를

이루고 원수 된 것을 십자가로 소멸하고 십자가로 남한과 북한을
한몸으로 만드사 하나님과 화해시키려는 것입니다. 남북 평화통일
을 이야기하기에 앞서, 통일을 이루기 위해 우리가 실천해야 할 일
이 무엇인지를 깊이 있게 묵상하며 배워야 합니다. 통일 이전이라
도 통일의 기틀을 마련하기 위해서 우리 교회가 노력하는 몸부림이
있어야 합니다.

> 화평하게 하는 자는 복이 있나니 그들이 하나님의 아들이라 일컬음을
> 받을 것임이요 (마 5:9)

(3) 한몸 됨의 영성

> 이제는 전에 멀리 있던 너희가 그리스도 예수 안에서 그리스도의 피로
> 가까워졌느니라 그는 우리의 화평이신지라 둘로 하나를 만드사 원수된
> 것 곧 중간에 막힌 담을 자기 육체로 허시고 (엡 2:13~14)

복음은 인종과 지역에 제한되지 않습니다. 누구도 상상할 수 없
는 지역과 사람에게도 전달될 수 있는 것이 복음이며 그리스도 신
앙입니다.

예수님은 인간이 세운 인종 차별, 지역 차별, 이념 차별, 성차별,
계급 차별, 직업 차별, 나이 차별 등 모든 차별의 벽을 허무십니다.
예수님은 이것을 위해 우리에게 오셨고 그렇게 실천하며 사셨습니

다. 예수님의 몸 된 교회도 예수님처럼 실천해야 합니다. 바울은 다음과 같이 고백했습니다.

"너희는 유대인이나 헬라인이나 종이나 자유인이나 남자나 여자나 다그리스도 예수 안에서 하나이니라(갈 3:28)."

(4) 이념의 벽을 넘어서

예수님이 범상치 않은 분임을 알아챈 여인은 내친김에 평소에 가지고 있었던 자기 족속의 문제를 질문합니다(요 4:20~26). 예배 장소에 관한 질문이었습니다. 사마리아 사람들의 그리심 성전과 유대인의 예루살렘 성전 중 어느 곳에서 제사를 드리는 것이 옳으냐는 질문입니다. 두 부족, 두 지역 간에 존재하는 종교적인 갈등의 벽을 보여주고 있습니다.

예수님께서는 여인에게 이 산에서도 아니고, 저 산에서도 아닌 하나님을 예배하는 제3의 길을 말씀하셨습니다. 눈에 보이는 산이나 성전이 아닌 신령과 진정으로 예배를 드리는 길을 제시하셨습니다. 그 시기는 바로 지금인데 그것은 예수님 자신을 두고 하신 말씀입니다.

당시의 사회 풍습으로 남녀가 단둘이 대화하고 있다는 것은 있을 수 없는 일이었습니다. 성경에 이것을 기록한 이유는 예수님께서는 성(性)을 차별하고 인간을 차별하는 사회적 이념의 벽을 허물고 있다는 것을 보여주고 있는 것입니다.

(5) 지역 차별의 벽을 넘어서

사마리아 여자가 이르되 당신은 유대인으로서 어찌하여 사마리아 여자 인 나에게 물을 달라 하나이까 하니 이는 유대인이 사마리아인과 상종 하지 아니함이러라 (요 4:9)

예수님 당시의 유대와 사마리아와의 관계는 현재 우리 남과 북의 관계와 비슷한 점이 많습니다. 유대인들은 사마리아를 버림받은 지역, 상대하지 못할 족속으로 차별했습니다. 한마디로 서로를 받아 들이기에는 너무나 높은 벽들이 있었습니다.

남과 북이 하나가 되기 위해서 우리는 어떤 준비를 해야 하겠습 니까? 예수님께서 사마리아 여인과의 만남을 통해 벽을 허무셨듯 이 통일을 준비하는 우리가 허물어야 할 벽을, 말씀을 통해 허물 수 있습니다.

2. 한꿈교회 4가지 선교적 영성

그런즉 너희는 먼저 그의 나라와 그의 의를 구하라. 그리하면 이 모든 것을 너희에게 더하시리라. (마 6:33)

만군의 여호와께서 말씀하시되 이는 힘으로 되지 아니하며 능력으로 되지 아니하고 오직 나의 영으로 되느니라. (슥 4:6하)

교회 공동체는 한반도 통일을 위해서 '통일 지상주의'에 빠져서는 안 됩니다. 교회는 끊임없이 통일을 바라보고 노력하고 기도하면서도 지금 이 분단 현실 속에서 먼저 하나님의 나라와 그의 의를 구하는 일에 애쓰는 것이 통일을 가장 잘 준비하는 것입니다.

그것은 바로 정의와 평화를 구하는 삶입니다.

평화의 영으로, 평화의 과정을 거쳐, 결과가 정의로운 통일을 준비하는 것이 하나님의 나라와 의에 부합됩니다. 교회는 분단된 한반도 상황을 세상적이고 인간적인 관점보다는 성경과 신학의 관점에서 살펴볼 필요가 있습니다. 교회는 단순히 사회 일반적인 종교 단체들 가운데 하나가 아닙니다. 교회는 그리스도의 몸으로서 존재하는 '특별한 공동체'라는 중심을 두고 이해하며 행동해야 합니다.

교회는 예수 그리스도의 몸으로서 개인주의적 관점이 아닌 '타자 중심적' 공동체로 존재합니다. 그러므로 예수 교회 공동체는 남한과 북한을 함께 살펴볼 수 있는 안목이 있어야 합니다. 그래서 교회의 역할과 사명은 위로는 하나님의 사랑과 아래로는 이웃 사랑의 두 가지로 이해할 수 있습니다. 교회가 통일을 준비해야 하는 이유는 하나님의 사랑을 전하는 기본적인 개념과 함께 이웃사랑을 실천하기 위해서입니다.

한반도의 남북통일 문제는 한국교회가 준비하고 극복해야 할 과제이며 책임이자 사명입니다. 교회는 항상 세상 속의 교회로 존재했으며 세상의 부름에 응답해 왔습니다. 이것은 세상과 대립적인 관계를 뜻하는 것이 아니라 복음 신앙의 본질적 태도와 관련된 문제입니다. 그러므로 한국교회가 통일보다 하나님의 나라와 그의 의를 먼저 추구할 때 하나님께서 통일이라는 아름다운 선물을 주실 것입니다.

한꿈교회 공동체가 준비된 통일을 위해 가져야 할 신앙적, 신학적 준비는 4가지로 나눌 수 있습니다.

1) 성령의 선교

> 그가 내게 대답하여 이르되 여호와께서 스룹바벨에게 하신 말씀이 이러하니라. 만군의 여호와께서 말씀하시되 이는 힘으로 되지 아니하며 능력으로 되지 아니하고 오직 나의 영으로 되느니라. (슥 4:6)

선교의 주체는 성령입니다.

사도행전 1장 8절을 보면 본래 제자들은 성령을 받은 후 선교하도록 되어 있었습니다. 그러나 제자들은 성령 받은 후에도 예루살렘과 유대에만 머물렀습니다. 그때 성령은 예루살렘교회를 치셨습니다. 그래서 교인은 흩어져 사마리아와 이방 지역으로 가게 되었고 그들은 그곳에서 복음을 전하는 선교를 시작했던 것입니다(행 8:4~6). 그뿐 아니라 이방인 전도에 직접적인 계기가 된 선교사 파송도 성령의 직접 지시로 이루어졌음을 알 수 있습니다(행 13:2). 이처럼 성령은 선교활동의 주도자이십니다. 그러므로 성령께서 한반도의 통일을 이루는 데 주체가 되어야 합니다. 성령에 속한 사람들이 앞장을 서야 합니다.

2) 섬김의 선교

> 인자가 온 것은 섬김을 받으려 함이 아니라 도리어 섬기려 하고 자기
> 목숨을 많은 사람의 대속물로 주려 함이니라. (막 10:45)

통일에 앞서 교회의 영성 회복과 도덕적 지도력이 회복되며 목회
자와 교회가 준비되어야 합니다. 지금 한반도의 하나 됨을 위해서
목회자의 준비와 패러다임 전환이 필요합니다.

탈북민들은 북한에서 주체사상으로 무장된 세계관을 갖고 있을
뿐 아니라 목숨을 걸고 탈북한 이들이기 때문에 마음을 열기 어렵
습니다.

그러므로 목회자가 어떻게 행동하는지 무슨 말을 하는지 그들은
주의 깊게 바라봅니다. 그래서 무엇보다 목회자의 인격과 삶이 너
무 중요합니다. 그래서 교회 공동체는 영적, 도덕적으로 본이 되어
야 합니다.

독일교회 경우는 통일 과정 속에서 필요한 영성과 사회적 공신력
을 충분히 가지고 있었습니다. 그 결과 자연스럽게 독일통일을 준
비하는 데 중요한 거점이 되었습니다. 독일교회가 겸비했던 영성과
도덕적 지도력은 독일통일 이후의 시기에도 중요한 근거와 뿌리가
되었습니다. 교회는 군림하는 자가 아니라 섬기는 자로 오셔서 목

숨을 내어주기까지 사람들을 섬기신 예수 그리스도의 영적인 삶과 지도력을 이어받아서 행하는 제자 공동체로 갖추어질 때 비로소 준비된 통일을 맞이할 수 있습니다.

3) 소통의 선교

> 너는 나에게 기억이 나게 하라 우리가 함께 변론하자 너는 말하여 내가 의로움을 나타내라. (사 43:26)

> 그는 우리의 화평이신지라. 둘로 하나를 만드사 원수 된 것 곧 중간에 막힌 담을 자기 육체로 허시고 (엡 2:14)

성경적 선교는 일방적인 입장에서 이루지는 선교가 아니라 상대방이 처해 있는 전체적인 맥락과 상황을 충분히 고려하면서 선교해야 합니다.

남한과 북한이 갈라진 채 70년 이상의 세월을 보내는 동안에 우리는 너무나 달라져 있습니다.

이 과정 속에 한국교회는 남한과 북한 사이에 존재하는 '다름'이라는 차이를 이해해야 합니다. 우리는 결코 상대방에 대한 우월의식을 강조함으로써 '다름'을 틀렸다는 잘못된 방식으로 이해하는 어리석음을 범해서는 안됩니다.

성경적 소통의 선교는 북한 사람들의 가치관 속에도 남한사람들이 배우고 도움을 받아야 할 부분이 많이 있음을 알게 됩니다.

우리 사회도 역시 자본주의 사회의 무한경쟁과 이기적 개인주의 사상이 인간성을 피폐하게 만들었습니다. 그러므로 남북한이 갈등과 분열을 하지 않기 위해서는 서로가 마음을 열고 소통의 선교를 함으로써 건강한 공동체 의식과 사회 관계성을 갖는 것이 중요합니다.

4) 통전적 선교

예수께서 온 갈릴리에 두루 다니사 그들의 회당에서 가르치시며 천국 복음을 전파하시며 백성 중의 모든 병과 모든 약한 것을 고치시니
(마 4:23)

통전적 선교는 삶 전체에 대한 필요한 모든 것(영적, 정서적, 신체적 등)을 함께 나누는 선교입니다. 지금까지 한국교회 선교의 방식은 공격성, 일방성, 단회성, 복음전도 중심이었습니다. 그 결과 선교 현장에서 순기능도 있지만 역기능도 많이 일어났습니다. 지금부터 교회는 통일되는 과정 속에서 발생하는 북한동포들이 경험할 여러 가지 형태의 어려움에 특별한 관심이 요구됩니다. 이와 연관하여 교회들은 북한 동포들을 위하여 섬김의 활동을 지속적으로 감당해야 합니다.

통전적 선교는 탈북민들의 삶 전체에 대하여 깊은 관심을 가지는

한꿈교회 예배공동체

것이며, 하나님의 말씀과 복음의 정신에 입각하여 그들의 삶의 모든 것을 기꺼이 함께 나누는 선교의 방식을 의미합니다. 그러므로 남북한 사회가 진정한 '마음의 통일'을 이루기 위해서는 교회가 화해와 평화의 삶을 잘 실천해야 합니다. 진정한 마음의 통일과 사람의 통일이 이루어지는 것은 추상적인 구호만으로 실현되는 것이 아니라 구체적인 훈련과 교육이 동반될 때 가능합니다.

예를 들어 '먼저 온 미래' 탈북민과 함께 평화를 만들고 세워가는 것은 좋은 평화의 삶의 현장입니다. 그래서 지금은 이 땅에서 평화를 지키는 것뿐만 아니라 평화를 만들고 세워가는 사람으로서 삶의 구체적인 변화로 나타날 수 있도록 노력해야 합니다.

Ⅲ

남과 북이 함께하는
한꿈교회

교회는 하나님이 주신 천국열쇠를
사용하여 막혀 있는 분단을
열어야 합니다

남과 북이 함께하는
한꿈교회

18 또 내가 네게 이르노니 너는 베드로라 내가 이 반석 위에 내 교회를
세우리니 음부의 권세가 이기지 못하리라 19 내가 천국 열쇠를 네게 주
리니 네가 땅에서 무엇이든지 매면 하늘에서도 매일 것이요 네가 땅에
서 무엇이든지 풀면 하늘에서도 풀리리라 하시고
(마 16:18-19)

탈냉전 시대가 되었음에도 아직도 냉전적 상황을 벗어나지 못하
고 있는 한반도 통일문제는 일부 정치가들과 정보기관, 그리고 지
도자들만의 문제가 아닙니다. 우리 민족의 분단 과제는 우리 공동
체의 모든의 문제입니다. 통일이라는 우리 민족 모두의 당면한 과
제 앞에서 교회의 역할은 더욱더 중요합니다. 그래서 하나님은 우

리 민족의 분단에 대해 "교회가 먼저 나아가라."고 말씀하십니다. 예수 그리스도를 역사의 주인으로 고백하는 교회를 향해 하나님께서는 두 가지 권위를 주셨습니다.

첫 번째는 교회가 음부의 권세를 이기는 권위, 두 번째는 천국 열쇠입니다. 그래서 교회는 하나님이 주신 천국 열쇠를 사용하여 분단으로 막혀 있는 한반도를 열어야 할 사명이 있습니다. 통일 이후에 맨 앞에 서야 할 사람은 십자군이 아닌 예수님의 마음을 가진 교회와 그리스도인입니다.

이와 같은 시대적 조류와 사명 앞에서 한꿈교회는 하나님께서 주신 권위와 소명을 인식하고 복음과 평화를 선포하며 믿음의 천국 열쇠 가지고 복음적 평화통일을 위해 매진하고 있습니다.

1. 우리는 함께 세워 갑니다

💬 예수님 안에서 한 지체가 되었습니다

남성경

(한꿈교회 사모, 지역적응센터 센터장)

남편과 결혼 후 생사를 뛰어넘어 온 탈북동포들과 만나고 교제한 지 29여 년이 지났습니다. 그동안 저에게는 많은 눈물과 아픔, 그리

남성경 (한꿈교회 사모, 지역적응센터 센터장)

고 기쁨과 환희가 있었습니다. 이에 따라 하나님의 마음과 사람에 대한 깊은 이해를 갖게 되었습니다.

그리고 하나님께서는 저를 탈북동포들을 좀 더 전문적으로 깊이 있게 상담하며 도우라고 남북하나재단 소속 전문상담사로 10년 동안 일하게 하셨습니다.

그동안 북한에서 생활의 어려움과 탈북 과정에서 겪은 트라우마 때문에 많은 고통을 호소하는 탈북동포들을 위하여 남한에서 건강하고 안정적으로 정착할 수 있도록 취업과 심리적으로 어려운 부분을 돕고 섬겼습니다. 현재 한국 사회에서 남한과 북한 동포들이 서로 다른 문화권에서 자란 결과, 문화 충돌로 인한 어려움을 겪고 있습니다. 하지만 한꿈교회는 남과 북이 하나 되는 공동체로서 예수님 안에서 서로가 서로를 격려하고 위로하며 배워가고 있습니다. 저는 한꿈교회 사모로서 그들을 복음으로 치유하며 회복하는 가운데 저 또한 여러 경험을 하며 하나님의 뜻과 인도하심을 느끼고 있습니다. 지금까지 은혜로 역사하시는 하나님께 감사를 드립니다.

지금은 경기북부하나센터 센터장으로서 경기북부지역(의정부, 양주, 남양주, 포천 등)에 거주하고 있는 탈북동포 1,100여 명의 정착과 적응을 돕고 있습니다. 탈북민들은 먼저 온 통일입니다. 정치적 통일, 민족적 통합을 말하기 전에 우리 곁에 온 탈북민들을 이웃으로 맞이한다면 이 또한 아름다운 통일일 것입니다.

현재 남편과 함께 한꿈교회를 섬기면서 매주 예배를 통해 '복음 통일'을 경험하고 있습니다.

"몸이 하나요 성령도 한 분이시니 이와 같이 너희가 부르심의 한 소망 안에서 부르심을 받았느니라(엡 4:4)."

같은 성령으로, 같은 말씀으로, 같은 찬양으로 함께 하면서 온전한 하나됨을 체험하고 있습니다.

비록 한 번도 가보지 않는 길이지만 북한동포들과 함께 서로 사이좋게 친구 혹은 이웃처럼 믿음생활을 같이한다면 분명히 주님께서 우리 시대에 '축복된 통일'을 허락하실 것을 믿습니다. 복음통일을 만들어가는 이 시작이 어쩌면 낯설고 힘든 과정일지라도 '함께하는 예수의 마음'이 분단을 넘어 평화를 만들어갈 것이며 열방과 세계 중에 많은 고난이 있는 민족들에게 위로자가 될 것으로 확신합니다.

오직 사랑 안에서 참된 것을 하여 범사에 그에게까지 자랄지라. 그는 머리니 곧 그리스도라 그에게서 온 몸이 각 마디를 통하여 도움을 받음으로 연결되고 결합되어 각 지체의 분량대로 역사하여 그 몸을 자라게 하며 사랑 안에서 스스로 세우느니라. (엡 4:15~16)

💬 예수가족입니다

안철민 성도

아무것도 염려하지 말고 다만 모든 일에 기도와 간구로, 너희 구할 것을
감사함으로 하나님께 아뢰라 그리하면 모든 지각에 뛰어난 하나님의
평강이 그리스도 예수 안에서 너희 마음과 생각을 지키시리라
(빌 4:6~7)

2017년 한국에 입국한 탈북성도 안철민입니다.

저는 교회 도움을 통해 탈북 과정 속에서 하나님을 만났습니다.
한국으로 입국한 후 의정부에 전입하여 임용석 목사님을 통해 한꿈
교회에 출석하게 되었습니다.

한국 정착을 시작할 당시 혼자였으며 북한에 두고 온 아내와 두
아들로 인해 항상 걱정과 근심이 많았습니다. 그리고 남한사회에
대해 익숙하지 않은 낯섦과 정착에 대한 두려움과 두고 온 가족에
대한 그리움으로 혼란과 갈등 속에서 헤매고 있었습니다. 그때 한
꿈교회 성도들의 사랑과 기도로 점차 마음의 안정을 얻으며 같이
기도할 힘을 얻었습니다. 그 결과 주님께서 함께 기도한 우리의 마
음을 아시고 몇 년 후 가족들이 무사히 남한에 입국할 수 있었으며
한꿈교회에서 온 가족이 믿음 생활을 하고 있습니다.

할렐루야! 하나님은 지금도 살아서 역사하십니다.

현재 직장생활을 하면서 임용석 목사님과 남북한이 함께하는 통일사역을 하고 있습니다. 제가 경험한 한꿈교회는 '복음이 살아있는 교회입니다. 탈북동포들을 이해하고 사랑하는 교회입니다. 예수님을 중심으로 구성된 가족교회'입니다.

저는 한꿈교회 공동체의 한 사람으로서 여러 가지 사역을 통해 많은 것을 배우며 새로운 세계를 경험하고 있습니다. 특별히 한꿈교회 남성경 사모님을 통해 남한에 정착하는 데 필요한 많은 정보를 얻었고, 남한을 알아갈 수 있어서 감사하고 있습니다. 그리고 한꿈교회 맹동호 장로님께서는 남북하나재단 탈북민 전문 상담사로서 탈북민들을 도와주셨던 경험을 통해 저에게 큰 위로와 격려를 주셨습니다.

한꿈교회는 탈북동포들의 마음을 잘 이해하고, 상처를 잘 보듬어주는 좋은 교회입니다. 그래서 저는 한꿈교회에서 신앙 훈련을 잘 받아 성장하여서 하나님께서 북한의 문을 열어주실 때 예수님을 알지 못하는 고향의 가족들과 친척 그리고 이웃들에게 복음을 전하고 싶습니다.

💬 복음의 말씀으로 하나되어

이금자 권사

저는 고향, 북한 양강동 혜산시에서 1998년 탈북하여 2009년 10월 대한민국에 입국하였고, 2010년 6월 하나원을 수료하였습니다. 경기도 의정부시 녹양동에 살고 있으며 한꿈교회에서 권사 직분으로 신앙생활하는 이금자입니다.

자유민주주의 국가인 남한에 왔으나 처음엔 너무도 낯선 땅에 온 것 같아 무척 힘들었습니다. 마트에서 물건을 하나 사려 해도 북한 사투리가 두드러져 탈북민이라는 것을 그들이 알아보는 것 같아 너무나 조심스럽고, 취업하려고 해도 너무 힘들었습니다.

이렇게 힘들 때에 한꿈교회의 목사님과 사모님이 저를 찾아주셨습니다.

지금 생각해 보면 우리 목사님과 사모님이 저를 한꿈교회로 인도해 주신 것이 얼마나 감사한지 모르겠습니다. 내가 힘들고 어려울 때 주님의 사랑으로 내게 다가와 이 대한민국에 온전히 정착할 수 있게 하시고 좋은 일자리로 알선해 주시고 생활의 구석구석까지 보살펴 주셨습니다. 현재 취업한 일터는 사모님이 직접 알선해 주셔서 지금까지 일하고 있습니다. 우리 한꿈교회는 말 그대로 평화통일을 꿈꾸는 교회로서 우리 탈북민들이 온전히 대한민국에 정착하도록 도와주기 위하여 노력하는 교회입니다.

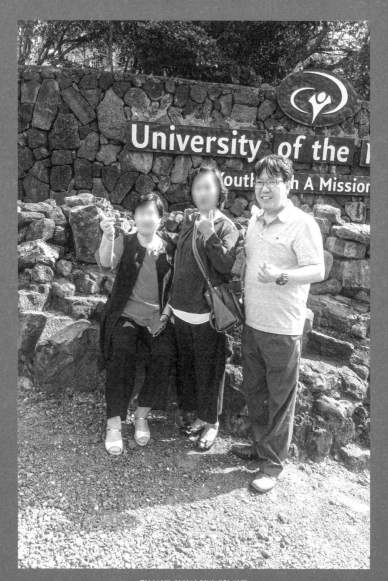

탈북성도 하와이 열방대학 간증

지금까지 내가 본 우리 목사님과 사모님, 성도님들은 참으로 훌륭한 분들입니다.

우리 교회에서는 많은 탈북민들이 왔다가 떠나기도 하였습니다. 그러나 우리 교회 목사님과 직분자들은 하나님의 일꾼으로서 씨뿌리는 자와 거두는 자의 사명을 알고 한 영혼, 한 영혼을 주님의 사랑으로 품어주고 주님께로 인도하고자 너무나 애쓰고 사랑해 주십니다. 겉보기에는 어려운 교회이지만 주거에 어려움을 겪는 탈북민들을 돕고자 남자 쉼터와 여자 쉼터를 운영하였으며 쉼터에 오는 그들을 주님의 사랑으로 맞아주시고 불편함이 없는지 늘 살펴 주십니다.

특히 정복연 권사님은 연세가 많음에도 불구하고 추운 겨울에도 미끄러운 길을 걸어서 날마다 다양한 반찬을 준비하여 탈북민들을 친자식처럼 돌보아 주셨습니다.

우리 목사님은 북한 땅에서 하나님을 모르고 살아왔던 탈북민 한 영혼, 한 영혼을 구원하려고 지금은 통일부 위탁사업으로 지역 적응센터를 운영하고 있습니다.

그리고 협동조합을 통해 탈북민 취업 준비 및 인턴십을 운영하고 있습니다. 평화도서관을 통해 비폭력과 평화 교육을 하고 있습니다.

세계에 북한을 알리고자 미국 하와이 코나까지 탈북민을 데리고 간증하도록 인도해 주셨습니다. 저는 그곳에서 또 한 번 하나님의 사랑을 체험했습니다.

저는 북한에서 미국을 철천지원수라고 교육받았는데 미국교회 성도들이 저희들을 부둥켜안고 울면서 위로해 줄 때 정말 하나님만이 사랑이며, 주님 안에서는 언어가 통하지 않고 피부색이 다르고 민족이 달라도 한 형제이며 한 자매임을 깨달았습니다.

정말 우리 한꿈교회는 중국에 있는 모술 대나무 같아서, 땅 밑으로 뿌리를 넓게 뻗고 튼튼히 뿌리를 내리고 있는 것을 믿습니다.

저는 한꿈교회에서 신앙생활을 하면서 남한의 모든 교회가 다 북한 현실과 탈북민에 대하여 잘 알고 있는 줄로 생각했습니다. 그러나 아니었습니다. 제가 목사님을 따라 여러 큰 교회에 다니면서 교회들이 북한과 북한 사람에 대하여 잘 모르고 있다는 것을 알게 되었습니다. 아무쪼록 한꿈교회가 통일을 기다리며 통일을 준비하는 교회로서 북한 동포들과 함께 통일과 세계선교를 위해 주님의 재림을 기대하고 기다리며 기도하는 교회로 성장하기를 기도합니다.

통일과 더불어 놀라운 선물을 열방에게 주기 위해 예비하신 하나님께서 우리나라가 하나님의 역사하심으로 말미암아 하나 될 것을 믿고 기도하는 큰 꿈을 가진 교회가 될 것을 기대하고 기도합니다.

🗨 더불어 함께 갑시다

김영희 성도

북한 무산 출신, 김영희입니다. 2013년 6월에 하나원에서 나왔습니다. 내가 생각하는 하나님(예수님)은 처음에는 생소했고 교회생활이 어려웠습니다. 왜냐하면 북한생활과 조직이 교회 조직과 너무나 비슷해서 당황했습니다.

교회가 또 다른 북한사회와 같다는 생각을 갖게 하여 충격을 받았습니다. 그런데 예수님의 사랑을 보여주시는 목사님과 교회 식구 덕분에 지금은 완전히 정착했습니다.

북한 교육과 가르침은 가짜이고, 교회생활은 진짜구나 하는 생각이 들었습니다. 그래서 지금은 성도들의 사랑과 관심을 통해 예수님을 만나게 되었습니다. 다른 교회는 편견과 차별이 있는데 우리 교회는 남북한 차이가 없고 재미있고 편안합니다. 교회에서 사랑해 주시고 도와주시니 너무 좋습니다. 그리고 함께 일하니까 좋습니다. 한국 사회에 바라는 점은 탈북동포들을 기다려 주십시오. 탈북동포들은 상처가 깊어서 마음이 아주 아픕니다. 그리고 남한사회에 대해서 잘 모르고 성격이 급하여 실수할 때가 많습니다. 우리들의 형편을 잘 이해해 주십시오. 특별한 눈으로 특별한 대우를 바라지는 않습니다. 단지 한 민족으로서 다가와 주시면 우리의 마음이 좀 더 편안하게 다가갈 수 있을 것 같습니다.

🗨 꿈을 이루어가는 교회, 한꿈교회

맹동호 은퇴장로

저는 2009년 의정부로 이사한 후, 통일부 산하 하나센터를 경기 북부 의정부에 개소하고 정착 도우미를 모집하는 현수막을 보게 되었습니다. 저는 정착 도우미로 지원하여 자원봉사를 시작했습니다. 탈북민이 하나원에서 지역으로 나오는 날부터 정착을 돕는 일을 하나센터와 함께 했습니다. 도우미에게 배정된 사람을 안내하면서 이미 중국에서 혹은 하나원에서 교회를 다닌 사람들은 교회에 가기를 원하므로 교회로 안내합니다.

그 사람을 집에서 가까운 교회로 함께 가서 그 교회에 정착하기까지 함께 다니며 예배, 말씀, 교회 내 제도와 성도들과의 교제 등을 안내했습니다.

하나원에서 나온 어떤 분이 하나원교회에서 임용석 목사님이 시무하시는 교회로 가라는 말을 들었고, 그 교회에 가기를 원했습니다. 저는 그분과 임용석 목사님이 시무하시는 교회에 출석하게 되었습니다. 그분은 착실하게 믿음생활을 잘하고 있습니다.

2010년 임용석 목사님이 통일선교를 주목적으로 하는 한꿈교회를 분리, 창립하였습니다. 저도 정착 도우미 일에 부합되므로 한꿈교회로 함께 왔으며 목사님의 사역에 작은 힘을 보태고 있습니다.

한꿈학교는 탈북민 중고생 청소년들을 가르치는 대안학교로서

예배 후 맹동호 장로님 함께 교회 점심 설거지 봉사

같은 비전을 갖고 협력하고 있습니다. Great Vision School, Great Vision Church입니다. 한 꿈 즉 큰 꿈을 공유하고 있습니다. 2010년 통일부에서 모집하는 탈북민 전문상담사에 사모님과 함께 응시하여 합격하여 목사님, 사모님과 함께 심도 있게 전문적인 일을 하게 되었습니다. 교회와 함께 탈북민을 더욱 잘 섬기게 되었습니다.

정부에서는 탈북민을 '이미 온 통일'이라 하며 착실한 정착 지원을 통하여 통일 이후를 준비하고 있습니다. 통일이 되면 탈북민은 고향에 가서 그동안 한국에서 경험한 민주주의와 시장 경제, 각종 제도와 관습 등을 가족과 지인들에게 전파할 것이므로 귀중한 존재로 보고 있습니다.

복음 전파도 마찬가지입니다. 한국에서 견고한 신앙 위에 성령 충만하게 생활했다면 고향에 갔을 때 가족과 지인에게 복음을 전할 것입니다. 통일 후에 한국주민이 북한 사람을 만나 한국의 제도 설명이나 복음 전파하는 일이 잘 되기가 어려울 것입니다. 태어나면서부터 오랫동안 다른 체제에 살아서 소통하기 어려운 것은 당연합니다.

현재 한꿈교회에 출석하는 신자는 탈북민과 한국주민이 반반입니다. 함께 예배드리며, 교회를 섬기며 교제할 때 남북의 구분은 전혀 없습니다. 어떤 교회에서는 탈북민 신자들을 더 잘 섬기려고 따로 모임도 만들고 특별히 대우한다고 합니다. 선물이나 예우에서도 각별한데 이것은 오히려 자신들을 구분한다고도 생각되어 불편해 합니다. 탈북신자들은 권사, 집사로 임명되어 같은 직분을 받은 분들과 동일하게 섬기고 있습니다. 탈북민 직분자들은 처음 한꿈교회에 나오신 탈북민에게 정서적인 공감대를 가짐으로 이질감이 없이 섬기게 되어 오히려 그 역할이 더욱 중요하다고 하겠습니다.

한꿈교회 내에서만이 아니라 국내외 교회를 방문하여 통일선교에 대한 비전을 선포하고 도전하고 있습니다. 임 목사님과 탈북민 신자들 몇 분이 방문한 교회에서 설교를 통하여 통일선교의 당위성과 방법을 전하고 함께 기도합니다. 탈북민 신자들은 탈북한 경위와 하나님을 어떻게 만났고 앞으로의 신앙생활에 대한 간증과 찬양으로 하나님께 영광을 돌리면 그 교회 신자들과 한마음이 됩니다.

하와이 미국인교회에서 같은 내용으로 진행했습니다. 2021년 3월에는 뉴욕과 워싱턴 지구 한인교회들을 방문할 계획으로 그 교회들과 일정을 정했지만 코로나 사태로 인하여 연기되었습니다. 한꿈교회는 하나원을 나온 후 집을 배정받지 못한 분들이 배정받을 때까지 임시로 거처할 남녀 별도의 '쉼터'를 마련하여 무료 숙식 제공과 정착 안내를 하고 복음을 전했습니다. 애완견 먹이를 만들어 판매하는 일을 시작하여 탈북민들의 일자리를 만들고 앞으로 사회적 기업으로 확장하여 더 많은 일자리를 만들려 합니다.

2019년 말 임용석 목사님께서 법인을 설립하여 통일부 산하 하나재단에 소속된 지역 적응센터의 운영을 신청하여 통일부의 여러 심사를 통해 위탁을 받아 운영하고 있습니다.

2020년에는 임용석 목사님이 센터장이었을 때, 운영비의 30%를 운영자가 부담하게 되었습니다. 한꿈교회에서 전적으로 지원할 능력이 못 되어 교회 밖에서 많은 지원을 받았습니다. 장소 마련과 월세와 운영비 등으로 부담이 되지만 임 목사님은 한결같이 "돈이 없지 믿음이 없겠느냐?"며 기도와 헌신으로 임무를 수행하고 있습니다. 그 과정을 보면 전적으로 하나님의 은혜이며 연속적인 기적입니다. 하나원에서 나와 경기북부지역에 정착하는 분들에게 성실한 섬김과 신뢰로써 자연스럽게 복음을 전하고 교회에 나오도록 하고 있습니다.

저의 개인적인 꿈이 한꿈교회와 동일합니다. 그래서 한꿈교회를 섬기는 일이 행복하고 신이 납니다. 저는 서울에서 태어나 지금까지 서울을 거의 떠난 적이 없습니다. 그런데 저의 아버님은 함경남도 북청이 고향이고, 제가 어렸을 때부터 고향분들과 교류하시는 모습을 보았고 또 그분들의 말씀을 많이 듣고 자랐습니다. 그리고 아버님과 고향분들은 고향을 무척 그리워하셨습니다. 아버님이 소천하시기 얼마 전 고향 얘기를 하시며 선산과 친척 집성촌의 위치를 설명하시고 통일 후에, 고향을 찾아가 가르쳐 주신 친척들의 이름을 대며 그 자손들을 만나보고 선산을 찾아보라는 말씀을 유언으로 남기셨습니다. 그래서 저의 고향은 함경남도 북청입니다.

통일 후에 고향에 가서 친척과 이웃을 만나서 복음을 전하고 그곳에 교회를 세우는 것이 저의 꿈입니다. 지금 팔순을 바라보면서 과연 이 꿈이 이루어질지 의문이 듭니다. 그러나 그 꿈의 응답은 오직 전지전능하신 하나님께 달려 있으므로 저는 기도할 뿐입니다.

갈렙이 85세 때 여호수아에게 나아가, '40세 때, 하나님으로부터 약속받은 아낙 자손이 있는 산지를 내게 주소서' 하면서 지금도 예전과 같이 강건하고 출입이 자유롭다고 하였습니다. 마침내 허락을 받아 거인족이며, 난공불락인 산지를 정벌하고 그 땅을 차지했습니다. 저는 이 말씀에 의지하여 기도드리고 있습니다. 하나님께서 허락하실지는 전적으로 그분의 주권입니다. 다만 저는 저의 꿈을 이루어 달라고 매일 떼를 쓰다시피 하나님께 매달리고 있습니다. 그리고 통일이 된 후 북한 동포를 구원하시는 하나님의 역사하심에 한국의 교회들과 목회자들과 성도들과 탈북민을 도구로 사용하여 주시고, 그때를 위하여 잘 준비시켜 달라고 기도드리고 있습니다.

💬 한꿈교회는 큰 울타리입니다

이경철 성도

안녕하세요! 저는 하나원 ○○○기 이경철입니다. 저는 최근에 입국한 탈북민입니다. 지금 의정부에서 임대아파트에 거주하고 있으며 공장에서 일하고 있습니다. 저는 지인 소개로 한꿈교회에 출석하게 되었습니다. 북한에서는 종교생활은 아편이라고 배웠기 때문에 처음에는 가고 싶지 않았지만 탈북 과정에서 너무나 힘들어서 하늘에 안전하게 갈 수 있도록 빌었던 경험이 있습니다. 그래서 마음을 열고 한꿈교회에 다니게 되었습니다. 처음에는 어색하였지만 한꿈교회를 다녀보니 임용석 목사님과 성도님들이 따뜻하게 맞이해 주시고 필요할 때마다 친절하게 안내해 주셔서 감사하게 생각합니다. 그리고 탈북동포들의 마음과 입장을 잘 이해해 주셨습니다. 교회를 다니면서 남한 성도들과 함께 대한민국 사회와 생활에 대하여 많은 것을 배우고 있습니다. 아직은 신앙에 대해 잘 모르지만 그래도 교회생활과 예배가 좋습니다.

저는 임용석 목사님의 좋은 설교를 통해 큰 위로를 받고 있습니다. 아직도 북한에 가족들이 있지만 언젠가 함께 한국에 입국하여서 같이 믿음생활을 할 것을 기대하며 기도하고 있습니다. 저에게 한꿈교회는 큰 울타리입니다.

💬 속히 복음통일이 될 수 있도록

정복연 은퇴권사

저는 부산 백양로교회 권사로서 은퇴 후, 의정부로 이사하여 통일을 준비하는 한꿈교회를 섬기고 있습니다. 한꿈교회에 출석하기 전까지는 통일과 민족 그리고 역사에 대해서 막연하게 기도했습니다. 그런데 한꿈교회에 다니면서 좀 더 구체적으로 통일을 배우고 북한 동포들과 함께 하면서 한꿈교회가 얼마나 귀하고 사랑스러운지 깨닫게 되었습니다.

정복연 권사님과 새신자들

저는 목숨을 걸고 탈북한 북한동포들과 진실한 만남과 교제를 통해 많은 것을 배울 수 있었습니다. 방송 프로그램을 통해 접했던 북한생활을 직접 탈북동포들을 통해 들은 고통과 눈물의 이야기는 참으로 가슴이 아팠습니다. 한꿈교회 목사님과 사모님께서 진심으로 탈북동포들을 섬기고 위로하는 모습을 통해 감동을 받고 은혜를 받고 있습니다.

막연한 통일이 아니라 실제적이고 구체적인 사람의 통일, 마음의 통일을 한꿈교회에서 경험하고 있습니다. 함께 신앙생활을 하는 이금자 권사님은 탈북하여 신앙생활을 한꿈교회에서 처음 시작하였습니다. 한꿈교회에서 믿음으로 충성하여 권사 직분을 받아 지금까지 변함없이 교회에 충성하는 모습을 통해 큰 은혜를 받습니다. 너무나 귀한 믿음의 일꾼입니다. 지금 이 순간도 북에 있는 가족을 위해서 눈물로 기도하고 있습니다.

저와 성경공부하는 강순자 할머니는 탈북하여 하나원에서 하나님에 대해 알고는 있었지만 한꿈교회를 통해 예수님을 구체적이고 인격적으로 만났고, 연로하셔도 변함없이 한꿈교회 출석하면서 건강하게 믿음생활을 잘하고 있습니다.

인천에 사는 안철민 성도는, 한꿈교회에서 함께 기도와 후원으로 기적적으로 북에 있는 아내와 두 아들이 무사히 한국에 입국하여 믿음 생활을 잘하고 있습니다.

인천으로 이사했지만 의정부까지 교회 출석하는 신실하고 충성된 일꾼입니다. 이와 같이 저는 한꿈교회에 다니면서 지금까지 경험하지 못한 많은 탈북동포들의 경험을 통해 저 자신을 많이 돌아보고 하나님께 사랑의 중보기도를 하고 있습니다.

"속히 복음통일이 되어 북에 있는 가족을 만나게 해주소서!"

2. 교회는 비빌언덕입니다.

1) 통일은 더불어 사는 것입니다.

한꿈교회는 북한이탈주민 정착을 돕는 하나센터 운영 등 남북한 성도들이 작은 통일로 모여 한반도 평화를 이루어가고 있습니다. 한꿈교회 성도들이 가지는 통일에 관한 생각은 아래와 같습니다.

'작은 통일이 모여 한반도 평화통일을 이룬다.'

'준비가 되지 않은 통일은 축복이 아니라 재앙이 될 수 있다.'

한꿈교회에서 진행하는 모든 사역은 '통일준비'에 초점이 맞춰져 있습니다. 한꿈 교회에서는 사람의 통일을 위해 남한과 북한성도들과 함께 믿음의 공동체를 이루어가고 있습니다.

한꿈교회는 남북한 문화의 이질적인 부분을 복음 안에서 수용하면서 하나 되기를 힘쓰고 있습니다. 또한 젊은 세대들이 함께 양육받으며 통일을 준비하고 있습니다. 성도들은 목장예배를 드리며 복음 안에서 이미 통일을 경험하고 있습니다. 교회 안에서 서로 하나가 되어야 합니다. 교회 안에서 서로가 연합하지 못하는데 남북통

한꿈교회 야외예배

일이 가능하겠습니까? 먼저 탈북동포가 한국성도들과 다름을 인정하고 하나 되는 연습을 해야 합니다.

남북통일을 '준비'하라고 말하는 이유는 그만큼 큰 노력이 필요하다는 의미가 내포되어 있기 때문입니다. 서로 다른 사상과 문화를 가진 남한과 북한의 성도들이 만났기 때문에 이로 인한 갈등은 필연적입니다. 그러나 이러한 갈등은 오히려 성장의 동력이자 변화의 기회로 받아들이고 준비된 통일의 발판으로 삼을 수 있습니다.

한꿈교회의 통일사역은 교회 안에서만 그치지 않습니다. 한꿈교회는 탈북민 학생을 위한 야간학교를 운영하며 '통일세대'를 육성하고 있습니다. 봉사자들은 머지않은 미래에 통일이 이뤄질 것이라면서 그때가 되면 통일세대가 남북통일의 주역이 될 것을 확신하는 모습을 보이고 있습니다. 한꿈교회는 중국의 북한이탈주민 탈출지원 및 쉼터를 지원하고 있으며, 국제 NGO와 협력해 북한 어린이를 돕고 있습니다. 주택이 없는 탈북민에게는 쉼터를 제공해 주거의 안정을 돕고 있으며 남북협동조합을 설립해 탈북민의 일자리를 창출하고 사회 적응을 돕고 있습니다. 4년 전에는 평화도서관을 설립하고 평화교육을 통한 통일을 준비하고 있으며, 지역교회와 연합하여 통일예배를 드리면서 남북통일의 중요성을 알리고 있습니다.

복음통일을 위한 한꿈교회는 2019년부터 사단법인 '평화와 함께'를 설립하고 지역 적응 센터를 운영하고 있습니다. 통일부 지정 탈북민 지원적응센터로 전국에 25개의 하나센터가 있습니다. 국내에 거주하고 있는 탈북민뿐만 아니라 앞으로 한국에 들어오는 탈북민들의 남한사회 초기 성공적인 정착을 돕는 기관입니다.

탈북민이 대한민국에 입국하면 가장 먼저 하나원에 입소합니다. 퇴소 후 집 배정을 받으면 하나센터가 이들을 맡게 되는데 경기북부 하나센터는 탈북민들이 입주한 지역에서의 생활 안정과 자립, 자활을 도모해 안정적인 사회 정착을 돕습니다.

한꿈교회가 하나센터에 주목하는 이유가 있습니다. 탈북민이 북한을 탈출할 때는 대부분 교회와 선교사님의 도움을 받지만, 남한 사회에서 처음으로 접하는 곳은 하나센터입니다. 하나센터에서 어떤 만남을 가졌느냐에 따라 탈북민의 삶에 큰 영향을 끼칩니다. 전국 대부분의 하나센터는 불교, 천주교 외에 여타 종교 및 일반 복지관에서 운영되고 있습니다. 현재 전국의 하나센터 가운데 이곳만 기독교 법인으로 운영하고 있습니다. 이러한 점에서 교회의 관심이 절대적으로 필요합니다.

남북통일은 구호만으로 이뤄지는 것이 아닙니다. 남북한 성도가 복음 안에서 진정으로 하나가 되는 작은 통일이 될 때 복음의 통일이 오는 것입니다. 비록 한꿈교회에 남북한 성도가 20가정에 불과하지만 우리는 여기서 통일의 빛을 봅니다.

2) 탈북 성도의 삶의 이야기

이〇순 권사 퇴임식
탈북 동포 이〇순 권사님을 소개합니다.

13년 전, 한국에 입국한 후 한꿈교회 출석을 시작으로 지금까지 한결같이 믿음생활을 하고 있습니다. 교회에서 권사 직분도 받았습니다. 그리고 교회 사모님(남성경 경기북부 하나센터장) 소개로 공기업 ○○ 관리소에 미화원으로 취직하여 13년 동안 근무하고 정년 퇴직하게 되었습니다.

남한 직장 내에서 말할 수 없는 따돌림과 차별도 있었습니다. 심지어 같이 청소하는 남한 분들이 이○순 권사님을 간첩인 것 같다고 지속적으로 말할 정도로 괴롭혔습니다. 그때마다 한꿈교회 공동체가 피난처 되어서 기도하며 함께 해주어서 정년퇴직을 할 수 있게 되었다고 간증하였습니다.

정년 퇴임할 때 회사에서 특별한 행사 및 퇴임식이 없었다고 합니다. 이것도 역시 눈에 보이지 않는 차별인 것 같습니다. 남한 분들이 정년 퇴임을 하게 되면 한 달 전부터 요란하게 식사 자리도 마련하고 마지막에는 퇴임식을 한다고 합니다.

권사님께서 마음으로 서운할 것 같아서 한꿈교회에서 퇴임 감사패 전달 및 간단한 축하 시간을 가졌습니다. 큰 위로와 은혜 시간이었습니다. 또한 교회 공동체 모두에게 감동의 자리가 되었습니다.

3) 고(故)윤○술 성도 장례

탈북동포 윤○술 성도께서 하나님 품에 안겼습니다.

북한에서는 의사 출신으로 명의였습니다. 그러나 자녀 둘을 북한에서 다 잃어 가슴에 한을 품고 사셨습니다. 6년 전 한국에 입국해서 처음 만난 목사와 교회가 저와 한꿈교회였습니다. 누구보다 목사의 말씀에 순종하고 힘이 되어 주셨습니다.

교회에서는 성도에게 '고생한다'고 항상 용기와 격려를 해주셨습니다. 매일 해가 뜰 때 하나님께 문안 인사를 하고 해가 지면 하나님께 감사 인사를 했던 어린아이 같은 믿음의 할아버지였습니다. 늘 고향인 북한을 그리워하며 눈물로 기도했던 모습이 그립습니다.

돌아가신 후에 가족이 없어서 장례 절차가 진행되지 않았습니다. 담당 공무원은 일반적으로 14일 이내 무연고 시신을 화장 처리하면 된다고 했고, 윤 성도님의 시신은 계속 냉동실(안치실)에 있어야 하는 상황이었습니다. 그러나 한꿈교회가 상주 역할을 하면서 교회장으로 진행하였으며 장례식장을 마련하고 은혜로운 장례 절차를 진행할 수 있었습니다.

한꿈교회가 앞장서서 무연고 탈북동포 윤남술 성도님을 진심을 담아 장례를 치렀습니다. 다른 탈북동포들도 감동을 받아 교회가 대단하다고 칭찬하고 있습니다. 교회의 선한 영향력으로 복음을 전할 수 있었습니다.

교회에서 이○순 권사 직장 퇴임식 축하

고(故) 윤○술 성도

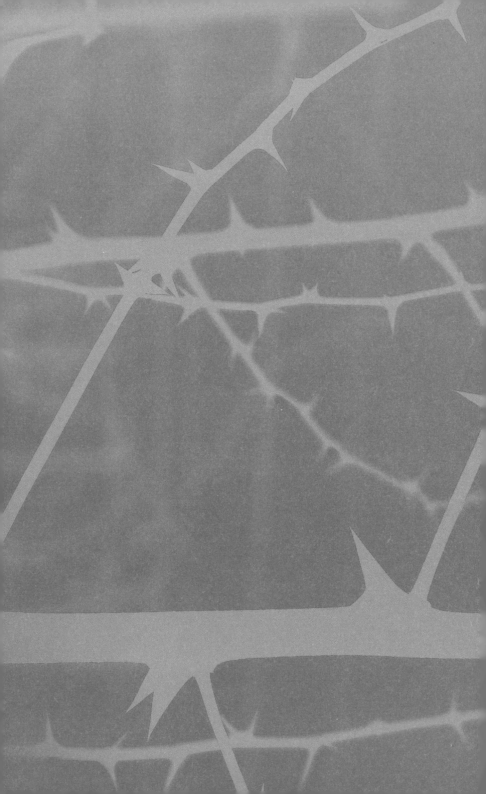

IV

통일을 준비하는
한꿈교회 사역

한꿈학교, 꿈이랑협동조합,
평화통일 작은 도서관, 탈북민 쉼터,
꿈이랑 토요학교, 열방선교,
버스 복음광고

통일을 준비하는
한꿈교회 사역

　　한꿈교회는 탈북동포들을 섬기는 일을 통해 그들에게 삶의 희망을 주고 있습니다. 이곳에 온 탈북민들이 정착할 때 가장 먼저 부딪히는 문제는 이질화로 인한 차별과 갈등 등 수많은 문제가 있습니다. 그러나 한꿈교회는 이들의 아픔과 상처를 복음으로 보듬어주는 과정을 통해 치유와 회복이 일어나고 있습니다. 한꿈교회는 아래와 같은 사역을 협력하고 있습니다.

1. 탈북 학생을 위한 기독교 대안학교 한꿈학교
2. 탈북민에게 일자리를 제공하는 꿈이랑협동조합
3. 복음·평화·통일을 교육하는 평화통일도서관
4. 탈북민의 정착과 적응을 위한 쉼터, 한꿈터

5. 발달장애아동을 위한 꿈이랑 토요학교

6. 외국인 나그네를 위한 열방선교

7. 지역사회에 복음을 전하는 버스 복음 광고버스

1. 탈북민 학생을 위한 기독교 대안학교, 한꿈학교

한꿈학교는 탈북민들의 교육을 지원하기 위한 기독교 대안학교입니다. 약 40명의 탈북학생들이 재학하고 있습니다. 초·중·고 다양한 연령대의 학생이 이곳에서 교육을 받고 있습니다. 한꿈학교와 긴밀한 협력을 통해 장학금 및 신앙 상담을 지원하고 있습니다.

1) 한꿈학교의 교육목표

내가 그들 가운데에서 징조를 세워서 그들 가운데에서 도피한 자를 여러 나라 곧 다시스와 뿔과 활을 당기는 룻과 및 두발과 야완과 또 나의 명성을 듣지도 못하고 나의 영광을 보지도 못한 먼 섬들로 보내리니 그들이 나의 영광을 뭇 나라에 전파하리라 (사 66:19)

한꿈학교는 기독교 정신을 기초로 미래 통일한국의 소망인 탈북청소년들을 온전한 인성을 겸비한 영향력 있는 지도자로 세우기 위해 설립했습니다.

한꿈학교 학생 장학금 전달

꿈이랑협동조합

한꿈학교 학생 취업 실습

통학이 곤란한 학생들은 기숙사 생활을 하며 공동체 생활을 기반으로 다양한 취미활동과 봉사활동을 경험하고, 검정고시 중심의 기초 소양과 학문을 배양시켜 상급학교로 진학을 유도합니다. 또 영어와 제2외국어 및 컴퓨터 교육을 통해 국제화 시대의 조류에 발맞추게 하여 한국 사회의 순조로운 정착은 물론 한민족의 통일을 이루는 데 이바지할 인재로 양성합니다.

2) 한꿈학교의 교육내용

- 내적 치유와 상담 및 영성 훈련 등을 통하여 인격적인 성숙 도모
- 매일 아침 말씀 묵상과 사회 봉사활동 등을 통한 영성과 인성 교육
- 기초적인 일반 학문을 중시하는 동시에 개인별 특성화 교육, 역사문화체험 등 다양한 교육 활동 실시
- 이처럼 훈련된 이들을 고등 교육기관(대학, 유학 등)으로 연계하여 이 시대에 빛과 소금의 역할을 감당할 영향력 있는 전문 지식인으로 양성

2. 탈북민에게 일자리를 제공하는 꿈이랑협동조합

한꿈교회의 협동조합 설립 목적은 연약한 이웃과 탈북민들에게 구제보다는 일자리를 만들어 취업하는 데에 있습니다. 그리고 소외된 사람들과 함께 꿈을 이루어가며 건강하고 투명한 기업을 통해

공동체를 지향하는 사회적 기업이 목표입니다. 품목은 반려견, 반려묘 사료로써 제조사의 지원을 받아 인터넷 쇼핑몰과 매장에서 판매하고 있습니다. 탈북민, 외국인 노동자 그리고 장애인들이 함께 일을 하고 있습니다.

3. 복음·평화·통일을 교육하는 평화통일도서관

한꿈교회는 복음·평화·통일에 대한 교육을 위해 평화통일 작은 도서관을 설립했습니다.

1) 목적

평화통일 작은 도서관 고유의 문화 활동과 평화와 통일 프로그램을 운영하고 있습니다.

평화와 비폭력 관련된 도서를 바탕으로 하는 프로그램, 책에 대한 정보를 얻거나 책 읽기에 대한 흥미를 일으킬 수 있는 프로그램으로 운영합니다.

평화통일 프로그램 개발 운영으로 지역 주민에게 독서 교육의 장을 제공하며, 올바른 평화 독서 지도 방법과 체계적인 독서교육을 실시하여 지역 중심의 독서 문화를 정착시키는 데 노력하고 있습니다.

평화통일 작은도서관

한꿈교회가 설립한 '한꿈터'는 경기도 비영리법인 등록 단체입니다. 한꿈터 사역은 주로 탈북민 정착 및 적응을 돕는 것이 목적입니다. 특히 보호 결정을 받지 못한 탈북민 및 위기가정, 외국인 노동자들에게 쉼터를 제공합니다.

비보호 탈북민은 보호 결정을 받은 탈북민과 달리 정착금, 주거, 취업 등 정착 지원법에 따른 정부의 정착 지원 혜택을 받을 수 없습니다. 이 때문에 대다수의 비보호 탈북민이 집을 구하는 데 가장 큰 어려움을 겪습니다. 주거지를 마련하지 못하면 종교시설 등 민간단체가 운영하는 쉼터를 전전하며 생활하곤 합니다.

『최근 비보호 탈북동포 김영희씨가 경기도 부천의 한 낡은 연립주택. 59.5㎡(약 18평) 규모의 집에서 선풍기로만 폭염을 견디던 탈북 과정을 이야기하던 중 돌연 눈물을 흘렸습니다.

"어린 딸들을 북한에 두고 돈 벌러 국경을 넘다 인신매매를 당해 중국에서 십여 년간 살았습니다. 한국에 오면 환영받을 줄 알았지, 이렇게 '비보호' 딱지를 붙여 차별할 줄은 상상도 못 했습니다. 범죄자 취급받는 것 같아 억울하고 부끄럽습니다."

중국에서 북한 출신임을 숨기고 살던 김 씨는 돈을 벌기 위해 2010년 위조 호구증으로 한국에 와서 2개월을 지냈습니다. 비자 만료 전에 중국으로 돌아갔을 때 이웃 주민이 탈북민으로 한국에 정착했다는 소식을 접하고 2014년 다시 한국으로 왔습니다. 하지만

위기 가정 심방

쉼터

최초 방한 시점으로부터 1년 이상 경과 되어 '탈북민의 보호 및 정착 지원에 관한 법률'에 의해 비보호 대상 판정을 받았습니다. 현재 그는 3년 전 탈북한 13세 손주와 보증금 400만 원에 월세 12만 원짜리 집에서 지냅니다. 부천시 산하 복지관 지원금 80만 원에 시간제 노동으로 생계를 잇고 있습니다. 현재는 다행히도 통일부는 최근 보호 신청 기간을 3년으로 늘리는 내용의 법률 개정안을 발의한 상태입니다. 이현일 북한인권정보센터 이사는 "비보호 탈북민 대다수가 중국에서 넘어온 사람들로 이들 중 인신매매 경력이 있는 이들이 80~90%에 달한다. 중국 등 제3국 출신자를 자녀로 둔 경우도 절반 이상"이라며 "탈북민 보호 신청 기간이 늘어나 보호 대상의 폭이 넓어지길 기대한다."라고 말했습니다.

'한꿈터' 역시 오갈 곳이 없는 비보호 탈북민을 위해 마련된 쉼터 중 하나입니다. 한꿈터는 주택이 미배정됐거나 거주지를 마련하지 못한 탈북민을 대상으로 한 쉼터로 2015년 설립되었습니다. 주거뿐 아니라 취업 알선 및 의료, 상담 서비스를 제공해 자립 지원에 나섭니다.

비보호 탈북민의 경우, 그간 17명이 쉼터에서 지내다 자립했고, 현재는 2명이 생활 중입니다. 임용석 목사는 "집 없이 바로 사회에 나오다 보니 형편이 어려운 분들이 적지 않은 편"이라며 "이들 중 일부는 한국 사회 적응이 어려워 중국으로 돌아간 경우도 있다."고 말했습니다.

쉼터를 도와주는 한꿈교회 성도는 "비보호 탈북민은 정부 지원의 사각지대에 놓인 이들로, 정부로부터 사실상 차별을 받는 셈"이라며 "음지(陰地)에 갇힌 이들에게 교회가 손을 내밀어 줬으면 한다."고 당부했습니다. 이어 "무엇보다 의기소침해 있는 이들에게 교회가 지속적인 격려와 용기를 주는 일이 필요하다."며 "이 땅에 나그네로 온 이들을 환대하는 교회가 더 늘어나길 바란다."고 말했습니다.』

5. 발달장애아동을 위한 꿈이랑 토요학교

한꿈교회에서는 탈북 성도들과 함께 '꿈이랑' 비영리법인을 만들어 밀알복지재단과 협력하여 발달장애 아동(10명)을 위하여 매주 토요일마다 좋은 시간을 보내고 있습니다.

자폐 아동을 둔 부모님께는 적은 시간이라도 쉼을 제공하고 자폐 아동에게는 새로운 공간과 놀이를 통해 재미있는 시간을 보내고 있습니다.

6. 외국인 나그네를 위한 열방선교

한꿈교회는 이 땅에 찾아온 외국인 노동자들에게 복음을 전하고, 물질적으로 섬기고 있습니다. 우리와 협력하고 있는 양주진리교회

장애인 학생들과 함께

태국 펠로우쉽교회와 함께한 예배

버스 복음광고

는 베트남, 캄보디이아 등에서 온 외국인 노동자들을 대상으로 사역하고 있습니다. 담임 교역자, 채하경 사모님과 함께 아름다운 동역을 통해 함께 세계선교를 감당하고 있습니다.

7. 지역사회에 복음을 전하는 버스 복음광고

한꿈 교회는 지역사회에 복음을 전하기 위하여 교회 이름 없이 버스 복음광고를 하고 있습니다.

V

연합으로 함께하는
한꿈교회

통일을 위하여 함께 하는
코이노니아

연합으로 함께하는 한꿈교회

1. 교회와 교회를 잇는 통일 연합예배

통일연합예배는 북한성도와 남한성도로 구성되어 있습니다. 남북이 함께 지역사회를 섬기고 있습니다. 특별히 장애인과 외국인 노동자들을 섬기고 있습니다. 더 나아가 세계선교를 하려고 노력하고 있습니다.

1) 한꿈교회는 이미 통일을 경험하고 있습니다.

한꿈교회는 많은 탈북 성도들과 함께 믿음생활을 하고 있습니다.

매 주일 교회에서는 이미 복음통일을 경험하고 있습니다.

북한은 같은 민족이지만 타 문화권에 속하는 선교지입니다. 선교지에 갔을 때 먼저 그 나라의 문화와 언어 그리고 사람을 배워 나가는 것처럼 우리는 북한생활과 문화 그리고 사람들을 배워야 합니다. 이것이 예수님의 방법입니다. 그래서 우리는 탈북성도들을 통해 북한을 간접적으로 배우고 탈북 성도들은 남한성도들을 통해 한국을 배우는 유익한 사역을 하고 있습니다. 탈북성도를 양육하다 보면 재미있는 이야기가 많이 쌓입니다. 탈북성도들과 함께 성경공부하다가 사도행전 2장의 초대교회 모습을 읽는 중에 "이것이 진짜 공산주의입니다."라고 소리를 질러 깜짝 놀랐습니다. "북한 사회는 가짜 초대교회입니다. 인간이 주인 된 사회입니다. 교회공동체가 정말 사회주의입니다."라고 간증할 때 말씀의 능력이 대단하다는 것을 느꼈습니다. 사람의 변화는 하나님의 말씀이 들어갈 때 생깁니다.

하나님의 말씀은 살아 있고 활력이 있어 좌우에 날 선 어떤 검보다도 예리하여 혼과 영과 및 관절과 골수를 찔러 쪼개기까지 하며 또 마음의 생각과 뜻을 판단하나니 (히 4:12)

나는 마음이 온유하고 겸손하니 나의 멍에를 메고 내게 배우라 그리하면 너희 마음이 쉼을 얻으리니 (마 11:29)

교회 점심으로 북한음식 준비

사랑의 중보기도

말씀을 따라 사랑과 섬김으로 서로가 알아가며 에수님 안에서 하나 되는 과정에 있습니다.

2) 한꿈교회는 특별하지 않고 평범합니다.

탈북성도들을 위한 특별한 프로그램은 없습니다. 왜냐하면 탈북성도만을 위한 프로그램 그 자체가 차별이라고 생각할 수 있기 때문입니다. 우리 교회는 남과 북 모두가 함께 그리스도 안에서 똑같이 배웁니다. 교회 식구들은 누구든지 제자훈련을 통해 신앙생활을 합니다. 그러나 고통 가운데 있는 탈북성도들에게는 목회적 상담을 통해 깊은 만남을 가질 수 있도록 도우며 내적 치유를 통해 그들의 회복과 필요를 채워줍니다.

3) 한꿈교회가 추구하는 통일은 복음 안에서 하나입니다.

한꿈교회는 통일 이후에 있을 혼란스러운 일에 대비하여 남북이 함께 하는 참된 교회 공동체를 이루면서 철저한 제자도를 통해 통일한국에 작은 모델이 되고자 합니다.

그는 우리의 화평이신지라 둘로 하나를 만드사 원수된 것 곧 중간에 막힌 담을 자기 육체로 허시고 (엡 2:14)

성도들에게 '남북통일', '복음통일'은 너무 거시적이고 미래의 일이어서 현실감이 떨어집니다. 이때 가장 효과적인 방법은 통일연합예배를 드리는 것입니다. 통일연합예배는 교회가 복음통일에 대해 구체적으로 어떻게 준비해야 할 것인지 알려주는 예배입니다.

한꿈교회는 지역교회들과 함께 통일연합예배를 드리고 있습니다. 한꿈교회 성도들이 지역교회를 방문해 예배드리기도 하고, 지역교회 성도들이 한꿈교회에서 함께 예배드리기도 합니다. 이때 성찬식을 통해 예수 그리스도 안에서 하나 됨을 경험합니다. 점심식사는 특별식으로 준비합니다. 한꿈교회 탈북민 성도들이 북한 현지식인 인조고기밥과 두부밥을 내놓습니다. 남한교회 성도들에게는 낯선 음식이지만 애찬을 나누면서 한 형제요 자매임을 기억할 수 있습니다. 탈북민 최숙(38세, 여) 성도는 "다들 남북통일을 외치지만 정작 생활에서는 통일이 먼 것처럼 느껴진다. 교회가 먼저 앞장서서 남북통일을 이뤄야 한다. 통일연합예배는 한국교회에 복음적 평화통일을 알리는 창구가 되고 있다."라고 말합니다.

통일은 하나님의 선물이어야 합니다. 최숙 성도는 "지역교회가 먼저 남북이 함께 하는 참된 교회공동체를 이루어야 한다. 남북이 복음의 공동체를 이룰 때 그 결과로 통일을 선물로 주신다."고 말합니다.

한꿈교회-성산교회(성결) 통일 연합예배

'우리의 소원은 통일, 꿈에도 소원은 통일 … 통일이여, 어서 오라. 통일이여, 오라.'

의정부시 녹양로 성산교회(정승훈 목사)에 한반도의 통일을 간구하는 노랫소리가 높게 울려 퍼졌습니다. 성산교회는 탈북민 사역을 하는 한꿈교회(임용석 목사)와 함께 통일 연합예배를 드렸습니다. 두 교회 70여 명의 성도들은 눈가에 눈물이 촉촉이 젖은 채 한반도의 복음통일을 위해 간절히 기도했습니다.

예배는 5년 전 지역 목회자 모임에서 만난 뒤 꾸준히 교제해 온 정 목사와 임 목사가 준비했습니다. 두 교회의 성도들이 통일을 염원하는 예배를 드리고 북한을 이해하고 작은 통일을 이루자는 의미가 있습니다. 두 교회는 앞으로도 통일연합예배를 꾸준히 드릴 계획입니다.

정 목사는 '거룩한 길을 함께 걸으라'는 제목의 설교에서 "남북한의 사상과 이념을 뛰어넘을 수 있는 것은 오직 예수 그리스도의 복음뿐이다. 십자가 앞에 우리의 모든 죄를 내려놓자."라고 설교하였습니다. 15년 전 탈북한 최성숙(38세, 여) 씨는 "중국에서 조선족 크리스천을 만나 하나님을 알게 되었다. 북송과 재탈북 등 힘겨운 고비가 있을 때마다 하나님이 함께 해주셔서 지금까지 올 수 있었다. 많은 북한사람들이 하나님을 알 수 있도록 기도해 달라."라고 당부합니다.

이현정(40세, 여) 성산교회 집사는 "탈북민 성도와 예배드리고 교제하면서 은혜의 시간을 누렸다. 남북한 성도들이 서로에 대해 알아갈 수 있는 자리가 더욱 많아졌으면 좋겠다. 교회가 탈북민의 남한 적응을 돕는 공간이자 평화통일의 일꾼을 기르는 곳이 되면 좋겠다."고 말합니다.

한꿈교회와 물댄동산교회(침례교회) 통일연합예배

"너와 나, 두 손 꼭 잡고서 기쁜 노래를 부르자. 통일의 노래를 부르자."

통일 노래가 추억으로 끝나지 않고 현실이 되려면 어떻게 해야 할까요? 한꿈교회는 민족의 '소원'을 이미 '실현'했습니다. 한꿈교회는 물댄동산교회(침례)와 함께 정기적으로 예배를 드리고 있습니다. 남한성도들과 탈북민 15가정이 함께 신앙생활을 하며 먼저 온 복음통일을 경험하고 있습니다. 먼저 그리스도 안에서 남한교회가 연합과 일치되어야 합니다. 남한 안에서 교회연합이 이루어져야 합니다. 한꿈교회 사역 자체가 남북연합이기 때문에 한꿈교회에서 진행하는 모든 사역은 '통일준비'에 초점이 맞춰져 있습니다. 예를 들어 교단을 뛰어넘어 남북연합을 이루어서 함께 예배를 드립니다. 일반적으로 제자훈련을 하면 세대를 구분하거나 출신을 분리하지만, 한꿈교회에서는 사람의 통일을 위해 남한과 북한 출신 성도가 함께 제자훈련을 받습니다.

푸르른교회와 통일연합예배

남북한 성도가 함께하는 제자훈련은 서로에게 유익한 점이 많습니다. 탈북민에게는 남한 생활에서부터 병원 진료, 자녀 교육, 직업 등을 상담할 수 있는 기회가 됩니다. 남한성도들에게는 생소하기만 했던 북한의 실생활을 접하고 통일을 위해 어떻게 준비해야 하는지 고민하는 계기가 됩니다.

탈북민 대다수는 북한 탈출 당시 심리적 불안을 고스란히 안고 남한에 옵니다. 여기에 북한 출신이라는 딱지는 이들을 더욱 위축시킵니다. 같은 동포임에도 불구하고 서로를 불신하는 것이 현실입니다. 그러기에 교회의 역할이 절실합니다. 세상은 통일을 노래하지만 정작 통일을 준비하지 못하고 있습니다. 오히려 통일과 반대의 길을 가는 것처럼 보입니다. 그는 이런 상황에서 교회가 통일을 준비하고 연습해야 한다고 강조합니다. 그 출발점은 바로 남한성도와 북한성도가 함께 호흡하는 것이라고 강조합니다.

교회 안에서 서로 하나가 되어야 합니다. 우리가 연합하지 못하고 통일되지 않는데 남북통일이 가능하겠습니까? 한국교회가 먼저 탈북민과 하나 되는 연습을 해야 합니다.

남북통일과 평화는 구호만으로 이루어지는 것이 아닙니다. 남북한 성도가 복음 안에서 진정으로 하나가 되는 작은 통일이 될 때 복음통일이 오는 것입니다. 한꿈교회는 비록 작은 불빛에 불과하지만 우리는 여기서 복음통일, 남북한연합, 한반도평화라는 큰 빛을 봅니다.

물댄동산교회 정세희 목사는 "탈북민과 함께하는 일상 속의 작은 교회 연합이 큰 기적을 일으킨다"라고 언급하였습니다.

한꿈교회는 그 외 많은 목사들을 초청하고 교회들과 함께 민족화해 주간으로 함께 예배드리고 있습니다(김명혁 목사, 홍정길 목사, 한국중앙교회, 산울교회, 금오감리교회, 바나바훈련원, 분당만나교회 등).

2. 탈북민들의 적응을 돕는 지역적응센터

지역적응센터는 경기북부권역에 전입한 탈북민의 생활 안정 및 자립, 자활을 도모하여 사회 적응 역량을 강화하고 지역사회와 탈북민의 사회통합을 지향하여 지역 안에서의 탈북민의 정착을 지원하는 허브 기능을 수행하는 것을 목적으로 합니다.

경기북부의 의정부, 양주, 포천, 남양주, 동두천, 철원, 가평군 등지에 거주하고 있는 1,100여 명의 탈북민들을 돕고 있습니다.

한꿈교회는 (사)평화와 함께 법인을 설립하여 의정부에 위치한 지역적응센터와 협력하고 있습니다.

탈북민들이 하나원에서 교육을 받고 집 배정을 받은 후 해당 지역의 하나센터에 연계됩니다. 대한민국 사회정착을 위한 첫걸음이 하나센터에서부터 시작됩니다. 각 지역의 하나센터는 탈북민들이 처음으로 의지할 곳이자 남한사회의 정착을 위한 첫 단추이기 때문에 탈북민의 생활에 큰 역할을 합니다. 국내 25개 하나센터 중 교회에서 담당하는 센터는 이곳 경기북부지역적응센터(하나센터) 한 곳입니다. 그래서 이들에게 복음을 전할 수 있는 접촉점이 되며 구체적으로 통일을 준비할 수 있습니다. 기독교단체 등에서 주관하는 곳도 있지만 대부분이 일반 재단과 불교 재단 그리고 천주교 재단에서 운영하고 있습니다. 대다수 탈북민이 교회와 선교사님을 통해 한국에 오지만, 한국에 입국한 후 처음 접하는 곳이 기독교가 아니라는 점이 안타까운 현실입니다.

3. 남과 북이 함께하는 복음통일순례

국가 : 독일, 체코, 폴란드
일시 : 2023년 10월 30일 - 11월 10일
누가 : 남북한 성도 21명
목적 : 전쟁은 인간의 탐욕에 기인한 것이지만 전쟁을 극복하는 평화는 평화를 갈망하는 사람들의 기도와 헌신 그리고 책임 있는 노력으로 가능한 것입니다. 그 역사적 실례가 독일의 통일입니다. 그리고 독일통일에 독일교회가 결정적인 역할을 했습니다. 동독과 서독 사이에 평화의 다리가 되었고 서독교회들이 동독을 끊임없이 품고 도왔습니다. 그 사랑 때문에 베를린 장벽이 무너지고 독일통일을 이루는 데 귀한 밑거름이 되었습니다. 독일교회의 노력으로 가졌던 통일현장을 직접 체험함으로써 우리 시대 세계 유일한 분단

경기북부하나센터 탈북민 상담

국가인 한반도에 평화 기반을 조성하고 복음통일에 이바지하고자 북한성도와 남한성도들이 함께 복음통일순례를 하게 되었습니다.

먼저 복음의 통일순례를 통해 우리 안에서 복음의 공동체를 경험하고자 합니다. 그리고 통일독일 현장을 통해 한국교회와 그리스도인의 역할에 대해 재조명할 것입니다. 독일의 루터가 교회개혁을 바탕으로 독일통일의 밑거름이 된 것처럼 한국교회가 교회개혁을 통해 복음통일을 구체화하며, 자신을 성찰하는 시간을 갖고자 이 순례를 준비했습니다.

4. 함께 공부하고 실천하는 복음·평화·통일학교 운영

5. 한반도 화해와 평화를 위한 평화기도회

뜻을 같이하는 12명의 지역 목회자와 성도들이 모여 나라와 민

독일 폴란드 체코 복음통일 순례

족을 위해 오랫동안 사랑의 중보기도를 하고 있습니다. 목회자들이 소속된 교단은 침례교, 장로교, 감리교 등 다르지만 복음 안에서 연합과 일치를 이루며 8년 동안 변함없이 시간과 장소에서 나라와 민족을 위하여 구국기도회를 하고 있습니다.

이 기도모임은 2014년 6월 25일(수요일)에 시작되었고, 아침 06시 30분에 모여 매주 수요일마다 의정부 근린공원 미화 작업 후 한반도 화해와 평화를 위해 지금까지 통일 기도회를 하고 있습니다. 앞으로도 계속 진행될 것입니다. 목회자들이 기도하는 장소는 의정부 평화공원 안에 화해와 통일을 위해 조성된 베를린 장벽 앞에서 기도하고 있습니다. 베를린 장벽은 1861년 8월 동독에서 설치된 것으로 1989년 독일이 통일되면서 철거 및 보관하고 있었던 것을 독일정부와 외교부 기관에 협조를 요청하여 의정부시에서 받아 평화를 염원하는 마음으로 설치하였습니다. 지역에서 교회를 섬기는 목회자와 성도들이 분단의 아픔을 겪고 있는 국민들의 평화통일을 기원하는 화합된 마음과 복음의 메시지를 전하고자 독일의 평화통일 상징물인 베를린 장벽 앞에서 사랑의 중보기도를 하고 있습니다. 나아가 교회가 통일을 잘 준비할 수 있도록 저명한 강사를 초청하여 정기적으로 세미나를 함께 진행하였습니다.

그리고 탈북 학생들을 위한 신앙 상담 및 장학 사업도 함께 하고 있습니다. 또한 지역에 배정받은 탈북민들의 정착과 적응을 위해 도움의 손길을 펴고 있습니다.

평화기도회 (의정부역 동부광장의 베를린장벽)

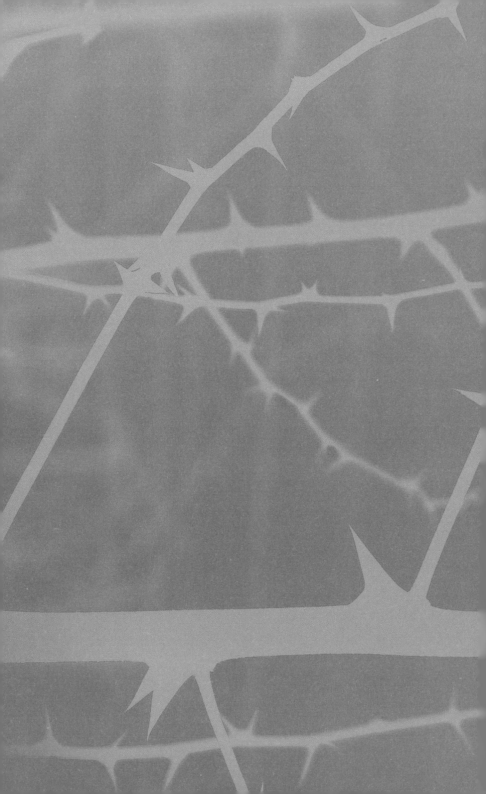

VI

탈북민은 북에서
온 이웃

방문객

|

정현종 詩

사람이 온다는 건
실은 어마어마한 일이다
그는 그의 과거와 현재와
그리고 그의 미래와 함께 오기 때문이다
한 사람의 일생이 오기 때문이다

탈북민은 북에서 온 이웃

선교는 땅이 아니라, 사람입니다.

세계적인 선교학자 폴 히버트 박사는 "모든 인류가 그리스도 안에서 형제자매라는 관점을 갖고 타 문화권에 대한 진지한 연구와 분석, 그리고 그에 따른 선교 전략을 수립해서 그들을 통한 새로운 패러다임을 만들어야 한다."라고 권고했습니다. 이는 통일 선교를 위해서 가져야 할 중요한 자세라고 생각합니다.

먼저 우리는 북한 사회와 북한 문화, 탈북민에 대해서 잘 알아야 합니다. 우리는 성경에 대한 열정은 있지만 '사람'에 대한 이해와 사랑이 부족합니다. 무엇보다 우리는 아래와 같은 선교적 태도가 필요합니다.

1. 북한 사람들의 관점에서 제대로 이해하는 일

2. 복음뿐만 아니라 복음 대상자의 사회와 문화에 관한 연구

3. 개인이 아니라 '우리' 공동체로 바라보는 시각

4. 무엇보다 전도해야 할 대상이 아니라 하나님의 형상으로 지음 받은 존재로
   인식

이와 같이 사람을 이해하는 자세와 태도로 선교해야 합니다.

1. 탈북민 제대로 알기

1) 탈북민은 누구인가?

- 분단으로 발생한 인권 피해자, 분단의 소수자, 약자들입니다.
- 같은 민족이며, 동포이며 함께 살아가야 할 구성원입니다.
- 통일 선 경험자, 우리의 이웃이며, 이주민입니다.
- 고향과 집을 떠난 나그네이며 국경을 넘어온 사람들입니다.

사회 통합적 관점에서는 탈북민은 '먼저 온 작은 통일'입니다. 탈북민은 '아무나'가 아닙니다. 통일에 대한 예행연습을 할 수 있도록 지혜를 제공하는 '먼저 온 통일 미래'입니다.

문화적 관점에서는 북한 사회를 타 문화권으로 바라보아야 합니

남과 북이 함께하는 소모임

김상헌 장로님 탈북 난민 상담 (제3국에서)

다. 왜냐하면 분단 70여 년간 서로 다른 체제와 이념으로 남북한 사회가 이질화되어 있기 때문입니다. 인권적 관점에서는 우리는 탈북민을 대할 때 같은 민족, 같은 문화권으로 생각하여 우리와 무조건 같아야 한다고 강요해서는 안 됩니다.

탈북민은 모두 다 그렇다는 식의 성급한 일반화를 주의해야 합니다. 개인을 만날 때는 한 인간으로 접근해야 합니다. 개인에 따라 다른 부분이 훨씬 더 많습니다. 직접 만나서 충분히 경험하기 전까지는 결론을 함부로 내리지 말아야 합니다.

본 글은 보편적으로 관찰되거나 보고된 탈북민의 특성을 기술한 것입니다. 과거 북한 동포들은 정치적으로 핍박받거나 사상적 지향점의 차이로 극히 소수의 탈북이 이루어졌습니다. 당시 그들은 여러 채널을 통해 대한민국 사회가 북한사회보다 모든 부분에서 선진화되어 있다는 것을 알고 있었습니다. 1990년대 이후 북한사회에 '고난의 행군'이라는 엄청난 식량난과 전력난으로 힘든 상황이 있었습니다. 그래서 식량난과 경제적인 이유로 일반 주민들이 생존 차원에서 북한을 탈출하는 숫자가 증가하였습니다. 2000년대부터는 경제적인 여건이 상대적으로 나은 계층조차 억압적이고 제한적인 삶보다 자신의 능력을 발휘하고 주도적인 삶을 영위하고자 탈북하는 동포들이 늘어나면서 가족 단위의 탈북이 증가하는 등 탈북의 성격도 점차 변하고 있습니다. 그러나 최근에는 코로나 이후에 탈북 숫자가 감소하고 있습니다.

탈북민 용어에 대한 변천은 아래와 같습니다.

- 1993년 이전 귀순 용사
- 1994년~1996년 탈북민, 귀순 북한동포
- 1997년~2004년 탈북민, 북한 이탈주민, 자유 이주민 등
- 2005년~2008년 새터민, 북한 이탈주민, 탈북동포 등
- 2008년 이후 탈북민, 북한 이탈주민, 탈북민 등

정부 차원의 공식적인 명칭 '북한이탈주민'과 달리 당사자들은 일반적으로 언론과 대중에게 많이 알려진 '탈북민'이란 용어를 더 선호하고 있습니다. 그러나 용어 자체를 규정하고 언급하는 것은 또 다른 차별이 될 수 있으므로 저자는 크게 의미를 두지 않습니다.

2. 탈북민을 어떻게 환대할 것인가?

탈북민은 북한의 독재체제에서 탈피하여 자유를 찾아온 용기 있는 사람들입니다. 이들은 목숨을 걸고 북한사회를 탈출한 용기와 능력을 지닌 사람들입니다. 이러한 특성을 하나의 자산으로 생각하고 더욱 발전시켜 탈북민 자신은 물론 국가와 사회에 유익한 방향으로 활용할 수 있어야 합니다. 그리고 그들은 북한사회에서 교육받고 책임 있는 구성원으로 살아왔던 사람들입니다. 이들은 북한에서 소중한 삶과 생활 배경을 가지고 있는 사람들입니다. 그러므로 탈북민들은 대한민국으로 입국하는 순간 새롭게 삶을 시작하는 것

이 아니라 대한민국에서도 연속적인 삶을 살게 되는 것으로 이해해야 합니다. 탈북민은 남북한 양쪽을 잘 알고 있는 사람들로 통일 이후 북한지역 재건과 남북한 주민들의 통합에 중요한 역할을 할 사람들입니다.

1) 정착 지원을 위한 봉사자의 태도는 이래야 합니다

(1) 긴 안목으로 탈북민을 바라보아야 합니다

복합적인 욕구를 가진 탈북민을 돕는 일은 쉬운 일이 아닙니다. 탈북민을 돕는 봉사활동을 하면서 때로는 이해할 수 없는 부분이 서로에게 있습니다. 그러나 내 동포이며 예전에 우리 가족이었던 이들과 다시 만나 살게 된 것을 축복으로 생각하며 긴 안목으로 받아들여야 합니다.

(2) 역지사지의 태도를 가져야 합니다

통제되고 심각한 경제난에 처해 있는 북한사회 그리고 그 속에서 살아왔던 북한주민의 삶을 이해하고 긴 탈북 여정과 우리 사회 적응 과정에서 겪어왔던 힘든 상황을 이해하려는 태도를 가져야 합니다. 그들이 도움을 받기 원할 때 도움을 주며 과거 어떤 상황에 대해서 '왜?'라고 캐묻지 않아야 하며, 무시하지 않아야 합니다.

탈북민들과 친근하고 가까운 관계를 맺었다고 할지라도 그들의 삶에 과도하게 관여하지 않습니다. 탈북민들이 자신의 삶을 스스로 결정하고 자신의 노력으로 행복한 삶을 살아가도록 자립을 격려하고 지원해야 합니다.

(3) 남북한 문화적 차이에 대한 민감성을 가져야 합니다

북한의 문화와 북한사람들의 사고가 이질적이라고 할지라도 각자의 문화를 존중하며 수용하려는 태도를 가져야 합니다. 서로 다른 문화와 가치, 전통을 수용하고 관찰하여 남북한 사람들이 어떻게 통합될 수 있을지 대화해야 합니다. 남한의 문화와 생활 방식이 우월하다고 생각하고, 그들의 살아가는 방법과 신념을 판단하는 기준으로 삼아서는 안 됩니다.

탈북민들은 남북한 두 사회의 서로 다른 체제를 다 경험하였습니다. 특히 탈북민들을 신앙인으로 잘 양육하면 이들은 북한문화에 익숙하므로 북한 고향사람들에게 큰 문화적인 충격을 주지 않고도 복음을 전할 수 있는 예비 평신도 선교사들입니다.

탈북민은 하나원 수료 후, 전국으로 탈북민 정착지가 배정되면 한기총, 하나원 하나교회, 한국교회가 연합하여 탈북민과 결연을 맺어서 정착에 어려운 취업, 교육, 치료, 결혼 등을 적극 지원하면서 점차 복음을 전하는 것이 효과적일 것입니다. 그래서 이들이 삶의 어려움과 외로움과 두려움을 극복하고 평안을 얻는 곳이 바로 교회가 될 수 있도록 교인 가정과 양부모 및 자매 결연, 의형제를 맺어서 진정한 가족적인 사랑을 느끼도록 지원함으로써 한국교회가 탈북민 정착 지원은 물론 선교의 주체가 되도록 해야 합니다.

(4) 탈북민의 일자리 창출을 통해 정착 지원과 선교활동을 합니다

탈북민들이 북한에서 배운 기술과 교육이 한국 노동 시장에서 인정받지 못하므로 경쟁력을 갖지 못하고 있습니다. 탈북민의 사회 적응 문제는 본인의 인적 자본과 사회적 자본의 결여뿐만 아니라 사회적 편견과 차별, 그리고 경제적 구조에도 기인합니다. 탈북민의 직업훈련 수당과 고용지원금, 취업장려금 등이 정착 생활에 기여하겠지만 탈북민의 고용 창출을 위한 고기를 잡는 법을 가르쳐주고 고기도 잡아주는 사회적 기업을 많이 설립하여 이들의 일자리를 만들어주면서 자립과 자활 능력을 키워주고 복음도 전해야 좋은 성과를 이룰 것입니다. 또한 통일 후에는 즉시 이러한 사회적 기업을 북한에 설립하여 북한동포 가정의 경제를 살리는 일은 동시에 신교를 활발히 할 수 있는 토대를 이루는 길입니다.

(5) 탈북민 정착 도우미 지원 및 봉사활동을 적극적으로 합니다

하나원 교육생(탈북민)은 정착지가 결정되는 즉시 하나원을 수료하고 거주지의 임대 아파트나 국민주택을 배정받은 곳으로 이동합니다. 그들은 집 배정 받은 곳에서 하나센터와 연결됩니다. 하나센터에서는 정착 도우미를 통해 탈북민들의 정착 및 적응을 돕습니다. 정착 도우미 가운데 종교인들이 많습니다. 그래서 정착 도우미의 종교 안내에 따라 종교를 택하는 경우가 많습니다. 초기 정착 과정에서 종교가 주는 의미가 크므로 기독교인들이 자원봉사를 통해 탈북민 홈스테이, 도시 문화 체험 등에 많이 참가하여 정착 생활 안

내를 통해 섬기며 전도하면 좋겠습니다.

(6) 탈북민들이 경험한 북한생활과 제3국에서 배운 것을 존중하는 것
  입니다

'당신들이 북한, 제3국에서 배운 것은 모두 다 버려라.' 이런 태도
는 탈북민들의 자존심을 상하게 할 뿐 아니라 대화의 단절을 초래
합니다. 이런 말은 바람직하지 않습니다. 인간관계 형성에는 상대
방을 얼마나 존중하는가가 중요합니다. 다음은 성도 중 한 분이 탈
북민과 성경공부 시간에 나누었던 대화 내용입니다.

성도님 : 고생 많지?

탈북민 : 아닙니다. 고맙습니다.

성도님 : 그런데 말이지, 내가 형제님을 잘 살펴보니 그런 정신
       가지고는 남한에서는 일 못해.

탈북민 : (화를 내면서) 제가 어떻게 했는데요?

성도님 : 처음부터 배운다는 생각으로 다시 시작하라고.

탈북민 : (자리를 박차면서) 그러면 성도님은 처음부터 잘했어
       요?

이런 대화는 격려와 힘을 주기보다는 상처를 주는 대화입니다.

(7) 대한민국 국민으로서 앞으로의 꿈과 비전에 대해 나누는 것입니다

　대한민국 국민으로서 희망과 자부심, 그리고 소속감을 느끼도록 도와주어야 합니다. '탈북민들은 2등 국민, 3등 국민이다'라는 느낌이 들지 않도록 하고 꿈을 가질 수 있도록 도와야 합니다. 탈북민들은 자기보다 먼저 한국에 입국한 탈북민들이 한국 사회에서 적응하지 못해 힘들어하는 것을 이미 잘 알고 있습니다. 꿈을 꿀 수 있도록 도와주어야 합니다.

(8) 남한에서 가장 가고 싶은 곳이 어디인지 소통하는 것입니다

　탈북민들은 대한민국 발전상에 놀라는 경우가 많습니다. 어떤 분들은 남한을 천국처럼 이야기하기도 합니다. 그래서 남한의 이곳저곳에 대해 궁금해합니다. 아마도 제주도, 경주 같은 곳을 가고 싶어 할지도 모르겠습니다. 짧은 여행이라도 함께 하면서 서로를 알아가는 것은 탈북민과 가까워질 수 있는 좋은 방법입니다.

(9) 탈북민들이 가지고 있는 재능이나 강점에 대해 대화하는 것입니다

　북한에서 전기 기술자로 일했던 탈북민 한 분이 동일한 전기 기술을 가지고 있는 남한 집사님과 만나자 시간 가는 줄 모를 정도로 오랫동안 대화 나누는 것을 본 적이 있습니다. 비슷한 분야와 취미에 관해 이야기하는 것은 마음이 하나 되는 지름길이라 할 수 있습니다. 비록 다른 체제에 살았지만 서로의 공통분모를 찾는 것이 중요합니다.

(10) 복음에 대해 강요하지 않습니다

　탈북민 각자의 형편과 상태에 따라 복음을 제시할 필요가 있습니다. 이미 대다수 탈북민은 탈출 과정 속에서 수많은 교회와 선교사의 도움을 받았습니다. 그래서 탈북민들에게는 복음으로 사는 삶을 보여주는 것이 중요합니다. 제3국 피난처에서는 신약성경 전체를 암송하는 분도 있고 기도하는 가운데 신비한 경험을 한 분도 있습니다. 그러나 탈북민들 가운데에는 성경을 암송하고 방언도 했지만, 한국에 와서 주님의 첫사랑을 잃어버리는 경우가 허다합니다. 그래서 각자의 형편과 상태를 잘 살펴보는 것이 필요합니다.

(11) 북한 제도와 문화를 무시하지 않습니다

　남한에서 잊어버리고 무시해버렸던 미풍양속이 아직도 북한에는 그대로 남아있습니다. 예를 들면 단오제, 동짓날, 한식 등 아름다운 절기를 지켜 내려오고 있습니다. 남한은 오히려 상업주의, 물질 만능주의에 빠져 밸런타인데이, 화이트데이, 빼빼로데이 등 국적 불명의 기념일들이 아름다운 전통을 훼손하고 있습니다. 탈북민들의 시각으로는 이런 날들이 너무나 이해가 가지 않을 수 있습니다. 이 점은 우리도 깊이 새겨볼 만한 것입니다.

3. 탈북민은 통일의 마중물

무엇보다 '먼저 온 통일', '통일의 마중물'이라는 이름으로 우리 사회의 구성원이 된 탈북민을 따스한 이웃으로 맞는 일부터 시작하면 어떨까. 남북한 통일의 가치는 무엇보다 사람이기 때문입니다.

1) 탈북민과 관계는 아래와 같이 진행하면 효과적입니다

- 편견이나 선입견에서 탈피하여 객관적으로 대한다.
- 탈북민들의 부정적인 감정까지도 경청하고 표현을 격려한다.
- 비현실적인 보장이나 정확하지 않은 해석과 판단은 하지 않는다.
- 탈북민들의 감정에 민감성을 갖고 충분히 이해하며 적절하게 반응한다.
- 인간의 존엄성과 가치를 인정하며 탈북민을 '있는 그대로' 수용한다.
- 탈북민 스스로 내적, 외적 자원을 발견하고 활용할 수 있도록 격려하고 자극한다.
- 탈북민의 개인적인 삶에 대해 궁금한 것이 많아도 먼저 묻지 않고 이들이 먼저 마음을 열고 대화할 때까지 기다린다.
- 탈북민의 비밀을 절대적으로 보장한다.
- 서둘러 전도해서는 안 된다.
- 신뢰 가운데 전도하고 성경공부를 진행한다.
- 정치적인 대화는 지양하도록 한다.

2) 탈북민에 대한 잘못된 시각이 있습니다

- 북한의 생활방식과 사고방식은 무가치하다.
- 편하고 보수가 높은 작업을 원하면서 노력은 하지 않는다.
- 가족과 고향을 버리고 온 매몰찬 사람들이다.
- 북한 정권에 대한 혐오심과 북한에서 왔기 때문에 거리감을 갖는다.

4. 탈북민의 성공적인 정착을 위한 실천 방안들

탈북민들을 단순히 동정하지 말고 인간애로서 함께하는 것입니다.

탈북민 대다수가 자주 하는 말이 있습니다. "단지 북한 땅에서 태어났다는 죄밖에 없다. 그러니 우리를 동정하지 말라." 불쌍하다는 눈빛이 아니라 동지와 친구로서 그 모습 그대로 받아 달라는 것입니다. 그리고 "형제애로서 도와줄 수 있으면 생색내지 말고 조용히 도와주면 좋겠다."고 말합니다. 북한사람들은 불쌍한 사람들이 아니라 우리 동포입니다. 북한동포는 통일을 준비할 동역자로 하나님께서 보내주신 큰 축복입니다.

1) 공감하는 태도로 이야기를 들어줌으로써 정서적 친구가 되어야 합니다

　겉으로 보기에 이해할 수 없는 비합리적이고 모순된 탈북민의 행동이나 사고는 사회문화적으로 다른 체제에서 살아남기 위한 적응 양식일 가능성이 높습니다. 언뜻 보기에 쉽게 이해되지 않더라도 탈북민의 시각에서 만나야 합니다. 이렇게 저렇게 하라는 지시와 정답을 말하는 것은 전혀 도움이 되지 않습니다. 쉽게 판단해 버리는 것은 탈북민의 입을 닫게 합니다. 판단을 보류하고 일단 이야기를 털어놓을 수 있도록 배려해 주어야 합니다.

2) 지속적인 관계를 유지하고 장기적인 시각을 갖는 것입니다

　불신과 불안의 긴 세월을 보낸 경험으로 인해 탈북민과 단시간에 신뢰 관계를 맺기가 어려울 수도 있습니다. 따라서 짧은 시간의 열정보다는 장기적인 관심과 인내가 요구됩니다. '너랑 같이 지낸다, 너와 나는 이웃이다'라는 느낌을 주는 장기적 관계가 필요합니다. 지나친 도움을 주기보다 함께 살아간다는 마음이 중요합니다.

3) 지나친 기대감을 주지 말고 한계를 분명히 하는 것입니다

　탈북민들을 만나면 여러 가지 부탁을 받는 경우가 많습니다. 일자리, 자녀 교육, 질병 문제, 북한에 있는 가족 문제 등등. 그것에 대한 남한사람들의 대답은 대개 한번 알아보겠다는 것입니다. 그런데 이러한 대답을 탈북민들은 요구에 대한 승낙으로 받아들여서 그대로 믿고 시간이 갈수록 답이 없는 것에 대하여 배신감을 느끼는 경우가 많습니다. 그래서 남한사람들은 탈북민을 만날 때 할 수 있는 것이 어디까지인지를 분명하게 밝히는 것이 중요합니다. 애매모호한 답은 상대방에게 지나친 기대를 하게 만듭니다.

4) 가족사에 대해서 구체적으로 묻지 말아야 합니다

　탈북민 대부분은 가족들과 헤어져 고통을 당하고 있기 때문에 가족에 대해 묻는 것이 본의 아니게 대단히 아픈 상처를 건드리는 것이 될 수 있습니다. 물론 탈북민 스스로 먼저 가족에 대해 이야기할 때는 같은 마음을 가지고 아파하는 것이 중요합니다. 더 나아가서 그 가족을 위하여 같이 기도하면 그 탈북민과 하나가 되는 경험을 하게 될 것입니다.

5) 대화의 비밀을 꼭 지켜주어야 합니다

탈북민들은 사연이 많습니다. 그 내용들은 대개 눈물을 흘리지 않고서는 들을 수 없습니다. 그런데 이러한 사연이 여러 사람을 거치면서 소문이 나기 시작하면 사연의 본질은 사라지고 이상한 형태로 왜곡될 때가 많습니다. 한 탈북민의 부모님은 북한에서 힘들지만 나름대로 행복하게 살고 있었습니다. 그런데 북에 부모님이 계신다는 것을 알게 된 어떤 분이 그 부모님들이 아마도 사망했을 것이라고 지나가는 말로 얘기한 것이 발단이 되어 북에 있는 부모님이 사망한 것으로 소문이 났습니다. 후에 사실을 알게 된 그 탈북민이 너무 어이없다며 화를 낸 적이 있습니다.

6) 돈거래는 하지 않습니다

이것은 너무나 당연한 것처럼 보이지만 쉽게 고쳐지지 않는 부분입니다. 한국에 있는 교회들 가운데 물질 때문에 어려움을 겪는 경우가 허다합니다. 교회 안에서 경제적인 이익을 위해 돈거래를 하는 것 그 자체만으로도 위험합니다. 성도 간에 돈을 빌려주고 갚는 거래를 하는 것은 대단히 위험합니다. 우리 공동체 안에도 이와 같은 일이 한 번 있고 난 뒤 공동체가 흔들리는 것을 경험하였습니다. 한 지체가 어려울 때 사랑으로 서로 힘을 합쳐 도와주는 것이 성경적입니다.

7) 가능한 한 "예"와 "아니오"가 분명한 직설화법을 사용합니다

남한사람들은 간접화법을, 북한 사람들은 직접화법을 사용하는 경우가 많습니다. 남한사람들은 부정적이거나 불쾌한 이야기도 돌려서 표현하는 반면, 북한사람들은 거르지 않고 말하는 경우가 많습니다. 남한사람은 이야기를 할 때 간접적으로 표현하면서 긍정도 부정도 아닌 채 습관적으로 "그렇군요, 네, 네"라고 대답하지만, 탈북민들은 이것을 긍정으로 받아들입니다.

명절에 교회 청년들과 한 탈북민 가정을 방문해 재미있는 시간을 보내고 자연스럽게 사진을 찍었습니다. 서로 이메일을 주고받은 후 사진을 보내주기로 약속했는데, 두 달 후에 그분으로부터 한 통의 전화를 받았습니다. 왜 약속을 지키지 않느냐며 자신은 몹시 모욕감을 느낀다고 무척 화를 냈습니다. 정확하게 처리되지 못한 점을 사과하고 한국에서는 사진을 찍고도 잘 안 보내주는 경우가 흔히 있다고 설명하여 마무리는 잘 되었습니다. 북한에 가족들이 남아있는 탈북민에게 사진이 매우 민감한 부분일 수 있다는 점을 고려하면 이해할 수 있는 행동입니다. 이렇게 탈북민들은 말을 액면 그대로 믿습니다. 소위 남한사람들의 '언어 서비스'를 이해하지 못합니다. 그래서 남한사람들의 언어 습관이 잘못 이해될 때 믿지 못할 사람으로 비추어질 가능성이 큽니다.

탈북민과의 접촉 경험은 탈북민에 대한 친밀감, 통일의식에 정적 영향을 미쳤고, 이러한 탈북민에 대한 친밀감은 접촉 경험과 통일의식 사이를 매개하는 효과가 있습니다. 결국 한국교회는 주변에 있는 탈북민들과 적극적인 만남과 접촉을 통해 이질감을 줄여나가며 이해와 포용의 폭을 넓혀 갈 수 있습니다.

5. 탈북민들이 어떻게 그리스도인으로 거듭나는가?

탈북민들에게 복음을 전할 때마다 그들이 복음을 받아들인다는 것은 누구보다도 쉽지 않고 어려운 일입니다. 왜냐하면 그들은 무의식 속에 남을 정도로 모든 종교는 인민의 피를 팔아먹는 저급하고 미신적이며, 종교는 인민의 아편이라고 강하게 교육받았기 때문입니다. 또한 북한 주민들이 신봉하는 주체사상은 기본적으로 인간 중심의 세계관으로 '혁명과 건설의 주인은 인민대중이며, 혁명과 건설을 추진하는 힘도 인민대중에게 있다.'고 말합니다. 주체사상은 '자기 운명의 주인은 자기 자신이며 자기 운명을 개척할 힘도 자기 자신에게 있다.'는 사상입니다. 그러므로 북한 주민들이 교육받아온 주체사상은 기본적으로 신의 존재를 부정하는 유물론적 사상이자 인간의 자주성을 강조하는 인본주의 사상이라 하겠습니다. 모든 탈북민이 주체사상의 논리를 정확히 알고 동의하거나 신봉하는 것은 아니지만 그들은 사람이 모든 것의 주인이며 모든 것을 결정한다는 잠재의식을 갖고 있습니다.

1) 탈북민들이 초기에 복음을 수용하지 못하는 이유

(1) 유물론 및 주체사상 교육의 영향

북한 헌법 제68조 '공민은 신앙의 자유를 가진다.' 이 권리는 종교 건물을 짓거나 종교의식을 갖는 것을 보장하고 있다. 그러나 이 헌법의 구절에는 다음과 같은 단서가 있습니다.

'누구든지 종교 외세를 끌어들이거나 국가·사회·질서를 해치는 데 이용할 수 없다.' 북한의 헌법이 종교의 자유를 이야기하고 있음에도 불구하고 실제로 북한의 모든 사회 체제와 교육 내용, 사회적 분위기는 철저히 반종교적입니다.

"북한에서 교육받은 대로 종교를 무조건 부정적으로 보려는 시각을 갖고 있었다. 종교는 아편이며, 인민의 피를 빨아먹는 철면피와 같다는 의식이 강했다. 그래서 북한에 있을 당시, 종교인을 정신병자로 취급해 그들을 멀리했다. 문익환, 임수경, 문규현 신부가 북한을 방문했을 때도 이들을 북한에 동조하는 친북 세력으로 보았을 뿐 종교인이나 박애주의자로는 전혀 생각하지 않았다."

류승룡, 남, 44세

"나의 기독교에 대한 시각은 북한의 종교 정책의 영향을 받았다. 종교는 비현실적이며 인간을 허무주의에 빠지게 하는 미신의 한 종류라고 배웠고 그렇게 인식하고 있었다." 유효성, 남, 43세

"제가 북한을 떠나 한국에 자리 잡고 사는 동안 많은 분들이 교회에 나오라고 전도하면서 하나님은 어떤 분이라는 것을 가르쳤지만, 저로서는 도저히 믿을 수가 없었고 심지어 그러는 사람들이 바보스럽고 어리석어 보였습니다. 도대체 왜 정신 나간 사람들처럼 저렇게 모일까? 차라리 나 자신을 믿지 왜 보이지도 않는 허공에 대고 나의 모든 것을 구하고 맡기라고 하는가 너무 어이없는 일이라고만 생각했습니다."

조명숙, 여, 44세

이들은 유물론 교육의 영향으로 신의 존재를 받아들이기 상당히 어려워하며 주변 기독교인들의 모습을 비이성적인 것으로 간주해 당황스러워합니다. 이와 같이 탈북민들이 기독교를 접한 초기에 복음을 수용하지 못하는 데에는 북한사회의 유물론과 주체사상 교육으로 인한 종교 자체에 대한 거부감이 작용하고 있음을 알 수 있었습니다.

(2) 교회에서의 부정적 경험들

한 탈북민은 3년여에 걸쳐 여러 교회를 소개받아 다녔지만, 자신은 늘 구제의 대상에 불과할 뿐 인간 대 인간의 진실한 만남의 기회는 없었다고 합니다. 더욱 안타까운 사실은 한 번도 체계적인 신앙 양육을 받아본 일이 없었다는 것입니다.

"탈북민이 교회에서 정착하기 어려운 가장 중요한 원인은 탈북민를 이상한 눈으로 본다는 것입니다.

한국 사람의 나쁜 성품 중의 하나는 자기들보다 조금만 못 사는 나라나 민족에게는 상당히 배타적이라는 점입니다. 그러다 보니 탈북민들이 이구동성으로 교인들에 대한 불신을 말하고 있는 것입니다."

안강철, 남, 30세

2) 탈북민들이 복음을 수용하는 이유

(1) 인격적인 감동

"나는 그 당시 생명의 안전과 생존의 문제로 누군가의 도움이 절실히 필요했다. 북경에 가서 옛 친구를 찾았으나 아무도 없었다. 그러다가 수소문 끝에 다른 대학에서 공부하는 일본인 여학생을 만났다. 그 여학생은 나를 진심으로 위로하면서 미화 2천 불을 주는 등 헌신적으로 나를 도와주었다. 이때 그 일본인 여학생이 바쁜 가운데 매주 하루 네 시간을 내어 나에게 성경을 가르쳐 주었다.

그러던 어느 날, 그녀에게 연락이 왔다. 그녀는 일본에 있는 아버님 교회에 취직이 되어 귀국하게 되었다며 그동안 자신의 생활비를 절약해 모은 2천 불을 나에게 주었다. 사실 그녀는 중국에서 8년을 공부하고 6개월만 더 논문을 쓰면 학위를 받을 수 있었다. 그러나 나의 한국행을 위한 목돈을 만들어주기 위해 유학을 포기하고 귀국하기로 결단했다. 이때 나는 크게 인격적인 감동을 받아 하나님께 헌신하고 통일을 위해서 일해야 하겠다고 결단하였다."

류성룡, 남, 44세

"전혀 인간답지 않게 살아오던 제가 예수를 영접하고 구원받는 인생을 시작하게 된 것은 신실하신 예수님의 제자 되신 장로님을 알게 된 이후였습니다. 그분과의 만남 속에서 티 없이 깨끗하고 진실한 인간의 모델을 찾게 되었다고 감히 말할 수 있습니다. 북한에서 김일성, 김정일에게 속아 살아온 우리가 철들기 전에 벌써 산전수전 다 겪어온 우리가 누구의 전도나 말을 쉽게 믿겠습니까? 장로님은 우리에게 '예수 믿으라'고 한마디 하시지 않으셨고, 교회 가자는 말씀도 하지 않으셨습니다. 그냥 우리가 당하는 그 엄청난 고통에 가슴 아파 우셨고 연로하신 몸에도 불구하고 우리를 구원하시려 뛰어다니시는 그런 모습들이 그렇게 진실할 수가 없었습니다.

우리에게 가장 필요한 것이 돈일 수도, 또 제3국행일 수도 있지만 그보다는 상처 난 가슴을 어루만져 주고 감싸주고 품어주는 자애로움입니다. 그분의 신실하신 모습과 인간 사랑에 탄복하였고 장로님처럼 멋있게 살고 싶었습니다. 이것이 나의 간증입니다.

어느 날 저는 장로님께 '어떤 종교를 믿으세요?'라고 물었습니다. 장로님은 단호한 어조로 "나는 크리스천, 예수님의 제자입니다."라고 말씀해 주셨고, 자신의 헌신과 노력은 예수님의 사랑이지 어느 한 인간의 사랑이 아니라고 하시면서 예수님에 대해 차근차근 이야기해 주셨습니다. 이런 분이 믿는 하나님, 예수님이라면 분명히 믿

겠다고 생각하고 결심하게 되었습니다." 김성남, 남, 33세

이윤일 형제도 피부암 환자이며 발목을 절단해야 할 상황에서 온 교회가 기도하고 사랑으로 그 형제를 품을 때 크게 감동하여 거듭 나게 된 경우입니다.

"저는 계속된 재정적 실패와 좌절로 어려움을 겪고 있는 가운데 아픈 발의 상처가 깊어지고 설상가상으로 그 아픈 곳이 피부암으로 번졌습니다. 그로 인하여 정신적, 정서적으로 점점 피폐해지고 있었다. 그때 지금 다니고 있는 교회 목사님의 헌신적인 돌봄과 성경공부를 통해 인격적인 감동을 받아 예수님을 조금씩 알게 되었습니다." 이윤일, 남, 50세

유성룡 형제도 북한에서 처와 아들을 굶주림으로 잃고 마지막 남은 혈육인 막내아들마저 탈출 과정에서 잃은 커다란 심적 고통 가운데 있었습니다. 그러한 그에게 교회 담임목사님이 친구로 다가가 생활을 함께하며 인격적으로 기독교를 체험하도록 하였습니다.
"중간에 기독교의 탈을 쓴 악한 인간들을 경험하며 실망하고 교회에 가지 않을 때도 있었다. 그래도 교회에 다니는 사람 중에 진실한 사람이 많았고 그들을 통해 위안을 얻는 경우가 많았습니다. 장로, 권사, 집사님들이 나에게 일방적으로 교리를 가르치려고 할 때는 마음으로 거부하고 피하고 싶었으나 먼저 생활 속에서 같이 먹

고 자고 얘기를 들어주고 하며 나의 친구로 다가와 준 분들이 있었기에 지금의 믿음을 갖게 되었다고 생각합니다." 유성룡, 남, 43세

(2) 개인적인 하나님 체험

"하나님의 인도하심이 놀라운 것은 1차 탈북 때였다. 그렇게 만나길 기대했던 중국 조선족을 몇 평 안 되는 감옥에서 만나게 해 주신 것입니다. 두 번째로 탈출하여 그들이 안내하여 찾아간 곳에서 조선족 크리스천 청년 두 명을 만났습니다. 아마도 그들의 도움이 없었더라면 지금의 내가 있을까 하는 생각이 듭니다. 이는 그러한 사람들을 예비해 주신 주님의 역사라고 고백합니다. 또한 죽음을 예감하는 험한 상황에서도 세 번이나 기도에 응답받는 기적을 체험하였습니다." 김남일, 남, 33세

"한국행을 위해서는 반드시 홍콩을 거쳐야 하는데 과정에서 죽음의 고비를 수없이 넘으면서 하나님의 도우심을 체험하였습니다. 결국 홍콩에 도착하여 북경의 외국인 그리스도인 모임에 전화를 걸었습니다. '하나님의 기적으로 살아났다. 홍콩에 무사히 도착했습니다.' 그러자 그들은 '보아라. 우리가 얼마나 너를 위해 기도했는지 아느냐?'라고 응답하였습니다." 류성룡, 남, 44세

"비록 탈출, 도피 과정에는 이런 체험들이 없었을지라도 가정의 문제에 대해 하나님이 강력하게 역사하는 경험을 통해 더욱 신앙을 다지게 되는 경우도 있었습니다.

저런 사람들이 '무엇이 부족해서'라는 생각이 들면서도 이해가 되든 안 되든 한 번 열심히 믿으며 기도해야겠다는 생각이 들었습니다. ○○집사님과 일대일 성경공부를 하면서 성령 체험을 하였습니다. 내가 미처 생각지 못했던 일들이 일어나고 저에게 기쁨을 주었고 담대함을 주었습니다. 그러면서 남편의 암도 수술하면 괜찮을 것 같은 생각이 들었습니다. 그때 저희를 위해서 통일선교위원회에서 열심히 기도를 해주셨습니다. 하나님의 살아서 역사하시는 놀라운 모습을 보았습니다.   조연지, 여, 44세

위와 같이 탈북민들은 인격적인 감동과 더불어 하나님과의 강력한 만남이 있었을 때 기독교를 수용하고 신앙을 키워간 것을 알 수 있었습니다. 앞에서도 서술했듯이 이들은 과거의 교육과 체제 경험으로 인해 기독교에 대해 그리 수용적일 수 없는 상태이기에 더욱더 개인적인 하나님 체험의 중요성이 부각됩니다. 이들이 생활속에서 하나님을 체험할 수 있도록 우리가 다리 역할을 잘해야 합니다.

VII

분단 속 교회의 역할

교회는 통일 여정 가운데
복음과 평화 그리고 한 몸됨을 위하여
더욱 노력이 필요 합니다

분단 속 교회의 역할

1. 성경적 통일준비와 비전

　한국교회는 복음통일을 위하여 성경적 관점에서 통일선교를 살펴보아야 합니다. 그리스도인들은 통일을 위해 성경을 인용하는 것이 아니라 성경이 말하는 통일을 바라보아야 합니다. 통일은 단순한 남북통일이라는 좁은 시각이 아닌 구속사적인 관점에서 하나님과의 분단에서의 회복이라는 의미에서 해석해야 합니다. 통일의 관점에서 성경 전체가 통일 교과서라고 해도 과언이 아닙니다. 왜냐하면 성경은 하나님과의 분단 상태에 있는 인간을 찾아 회복시키는 구속사의 과정을 생생하게 기록하고 있기 때문입니다.

1) 우리 민족과 열방을 향한 하나님의 비전

그러므로 너희는 가서 모든 민족을 제자로 삼아 아버지와 아들과 성령의 이름으로 세례를 베풀고 내가 너희에게 분부한 모든 것을 가르쳐 지키게 하라. 볼지어다 내가 세상 끝날까지 너희와 항상 함께 있으리라 하시니라 (마 28:19~20)

주님의 최후 명령, 곧 주님의 지상명령은 선교입니다. 그리고 오늘 한국교회를 향해 주님의 최후 명령이 있다면 그것은 단연코 남한과 북한이 함께 사는 통일한국일 것입니다.

많은 선교학자는 '이제 역사적으로 한국의 시대가 왔다'며 '이런 중차대한 시대에 한국교회는 남북통일과 세계선교의 키(key) 역할을 감당해야 한다'고 강조했습니다. 더불어 '한국교회는 남북통일과 중국선교, 세계복음화의 중추적 역할을 감당해야 하는 사명이 있다.'고 말합니다. 이와 같은 한국교회 사명을 감당하기 위해서는 통일을 준비하여 열방으로 나아가야 합니다. 아마도 하나님의 계획과 섭리에 있어 북한보다 더 전략적인 나라는 없습니다. 왜냐하면 이들은 우리가 상상할 수 없을 정도로 고통을 겪어왔기 때문입니다. 그래서 하나님은 반드시 이들을 통해 이슬람권과 힌두권, 공산권들을 변화시키는 데 사용하실 것입니다. 북한은 하나님께서 특별히 주님의 계획을 위하여 준비해 놓으신 복음의 창 끝입니다.

한국교회의 통일운동은 짧은 시간에 놀라운 성과를 거두었지만,

선교 경험과 전략의 부족으로 부정적인 오류를 범하기도 하였습니다. 한국교회는 통일운동을 하면서 보여준 허점이나 실수를 거울삼고 지금까지 이루어놓은 선교활동을 기초 삼아 새로운 비전을 가지고 힘찬 도약을 해야 합니다. 한국교회는 세상 사람들이 그렇듯이 부정적이고 어두운 통일비용에만 너무 함몰되지 말고 하나님이 허락하신 비전을 제시하여 통일한국의 모습에 희망을 두어야 할 것입니다. 그리스도인은 하나님이 주신 한반도에 대한 비전을 이행하는 것이 분단과 갈등의 시대에 빛과 소금의 사명을 다하는 길입니다.

남한은 분단으로 말미암은 지리적인 밀폐공간으로 머물지 말고 주변 나라들과 통행 협상을 하고 대륙 진출로인 철도나 전용 고속도로를 건설함으로써 평양을 지나 실크로드를 통해 기차와 차를 타고 자유롭게 왕래하는 길을 열어야 합니다. 더 나아가 복음과 함께 간다면 하나님이 계획하신 세계선교는 앞당겨질 것입니다. 이것이 하나님의 비전입니다.

2) 총체적 복음

지금까지 한국교회는 민족통일 문제 앞에서 기독교 통일운동과 북한선교라는 서로 다른 영역에서 자리매김해 왔습니다. 진보주의 진영은 민족통일 문제에, 보수세력은 북한선교에 더 많은 관심을 가져왔습니다. 진보주의 진영은 북한선교가 곧 통일이라는 논의를 펼쳐왔습니다. 이는 에큐메니칼 선교신학에 바탕을 둔 것으로, 평화와 정의의 실현이라는 가치 아래 남과 북이 화해하고 평화를 이루며, 하나님의 공의와 정의가 북한에 실현되는 분단의 극복이 바로 선교라는 주장입니다.

보수주의 진영은 북한에 복음을 전하고 북한교회를 재건하는 것을 목표로 설정하고 있습니다. 보수주의 교회와 단체들은 복음주의 선교신학에 바탕을 둔 민족복음화를 펼치고 있습니다. 그러나 최근 진보교회와 보수교회들 사이에서 민족통일 문제는 진보와 보수를 초월한 남한교회의 총체적 선교 과제로 보아야 한다는 공통된 의식이 확산하고 있습니다. 이렇듯 두 세력이 북한교회에 대한 인식의 차이를 점점 좁혀가면서 서로에게 관심을 보이기 시작했습니다. 진보 측은 사회선교에, 보수 측은 교회 재건에 관심을 갖는 경향을 보이고 있습니다.

이제는 시대적인 요청 앞에 한국교회는 분단, 민족, 화해, 하나됨, 평화 등의 문제를 성경적, 신학적 관점에서 해석하는 '복음주의 통일 신학'을 발전시키는 것이 필요합니다. 한반도 긴장 해소, 사랑, 용서, 화해, 평화, 평화통일에 대한 진정한 의미에서의 신학적 성찰이 절실합니다. 기독교가 선포하는 복음은 육체와 영혼, 정치와 사회, 문화와 종교 등 완전히 일치되는 '통전적 구원'입니다. 총체적 차원에서 교회의 모든 지원이 이루어져야 합니다. 단순한 물자적 지원만이 아니라 북한 주민이 양심과 신앙의 자유를 누릴 수 있도록 해야 합니다. 이런 방향으로 조금씩 개선되면서 국제기구와의 유대를 통해 인권 개선이 되도록 노력해야 합니다. 또한 한국교회는 정부의 통일 정책이 진정으로 남북한 국민의 신앙과 양심 및 자유를 보장하는 방향으로 나아가도록 감시자와 조언자의 역할을 해야 할 것입니다. 정부의 정치 논리에 휩쓸리지 말고 '중보자적, 예언자적 자세'로 통일에 관심을 기울여야 합니다. 이것은 한국교회를 향한 하나님의 계획이며 목적입니다.

3) 통일 인격을 갖추어야 합니다

통일선교를 하는 데 가장 필요한 것은 예수님의 마음을 갖는 것입니다. 왜냐하면 생명의 근원이 마음에서 나오는 것처럼 선교의 근원도 하나님의 마음에서 나오기 때문입니다. 예수님의 마음은 배신과 실망, 낙담과 고난을 경험하기 쉬운 북한 사역 가운데 선교사들의 마음을 지켜줄 것입니다. 예수님의 마음은 우리가 끝까지 인내하면서 북한 사역을 하게 할 것입니다. 만약 우리에게 예수님의 마음이 있다면 북한선교를
올바르게 하고, 많은 열매를 맺게 될 것입니다. 그러나 만약 우리가 아비의 마음을 잃는다면 잎사귀만 무성하고 열매 없는 나무가 될 것이고 찍히게 될 것입니다. 예수님의 마음 가운데 동포 사랑, 사랑의 빚을 살펴봅니다.

(1) 아비의 마음

아버지가 자식을 긍휼히 여김 같이 여호와께서는 자기를 경외하는 자를 긍휼히 여기시나니 이는 그가 우리의 체질을 아시며 우리가 단지 먼지뿐임을 기억하심이로다 (시 103:13~14)

그리스도 안에서 일만 스승이 있으되 아버지는 많지 아니하니 그리스도 예수 안에서 내가 복음으로써 너희를 낳았음이라 (고전4:15)

통일한국을 이루기 위하여 일하시는 하나님의 섭리하심 가운데 한 걸음씩 나아가고 있는 이때, 북한을 바라보는 우리들의 마음과 자세가 중요합니다. 하나님은 북한 사람을 그리스도의 피로 한몸 공동체가 되기를 원하십니다. 그들의 고통과 아픔은 바로 나의 아픔이요, 고통입니다. 그들을 생각할 때 우리가 우월감을 갖거나 그들을 동정의 대상으로 삼지 말고 형제의식, 한몸 공동체 의식으로 출발해야 합니다.

하나님의 눈으로 그들을 바라보며 그들을 통해 우리를 볼 수 있어야 할 것입니다.

지난 과거를 돌이켜보면 우리는 둘로 나뉜 사회체제의 아픔 속에서 한민족임에도 불구하고 서로를 향해 본의 아닌 '원수'의 마음과 배타적인 마음으로 등을 돌릴 수밖에 없었습니다. 그리고 현재 북한은 도덕적으로, 정신적으로 많이 파괴되어 있습니다. 이러한 상황 속에서 진정한 아비의 마음을 가진 아버지 앞에서 자라난 사람은 많지 않습니다. 그러한 사회에서 자라난 사람들에게 진정으로 필요한 것은 하나님 아버지의 마음을 가지는 것입니다.

통일의 문이 서서히 열리고 틈을 비집고 나오는 햇살이 이 민족을 비추고 있는 이때, 우리 한국의 기독교인들에게는 너무나 중요하고도 절실한 문제가 제기되고 있습니다. 북한에 대한 우리의 상식과 개념, 사고방식, 가치관을 철저히 하나님의 마음으로 바꾸어야 합니다. 하나님의 마음을 품고 올바른 마음과 태도로 북한과 남한을 바라봐야 '하나님 나라'가 세계에 세워지며 통일의 문이 열립니다. 또한 통일이 이루어지는 것은 두말이 필요 없는 '하나님이 주목하시는 대역사, 대사건'이기도 합니다.

이제는 북한이 요구하는 대로 무작정 끌려다니는 것도 옳지 않고, 북한주민들의 생사가 걸려 있는 문제에 나 몰라라 하는 것은 더욱 옳지 않은 일입니다. 그렇다면 이제는 우리가 온전히 새롭게 해야 할 마음이 무엇이며 버려야 할 것은 무엇인지 돌아봐야 할 때입니다. 한국의 그리스도인들이 통일을 준비하는 하나님 아버지의 마음으로 우리 민족에게 쌓여 있던 수많은 아픔을 감싸주는 일을 준비하기를 기도하고 기대합니다.

(2) 화목

세상에서는 원수를 철저하게 복수해야 한다고 합니다. 그러나 말씀은 이러합니다.

화평하게 하는 자는 복이 있나니 그들이 하나님의 아들이라 일컬음을
받을 것임이요 (마 5:9)

사람의 행위가 여호와를 기쁘시게 하면 그 사람의 원수라도 그와 더불
어 화목하게 하시느니라 (잠 16:7)

할 수 있거든 너희로서는 모든 사람과 더불어 화목하라 (롬12:18)

남과 북은 동족상잔의 전쟁으로 원수가 되어 미워하고 '원수 갚기', '승패의 게임'을 반세기 동안 지속해 왔습니다. 상대방 체제를 그대로 놔두어서는 안 되며 반드시 붕괴시켜야 한다며 군비 경쟁에 힘을 기울여 왔습니다.

그러나 주님께서는 '원수 갚는 것은 나의 일이다. 내가 갚아 주겠다'라고 말씀하십니다. 그리고 오히려 원수를 용서하고 사랑하라고 가르치고 있습니다. 즉 원수를 친구로 만들고 새 사람으로 변하게 하는 것이 원수를 이기는 길임을 가르치십니다. 남과 북은 반세기나 지속된 대결과 다툼을 그만두고, 이제 원수진 마음을 풀고 용서하며 상대방을 인정하고 존중하며 평화통일의 동반자로 삼아야 한다는 것을 가르치십니다. 원수 갚는 일은 하나님께 맡기고 남과 북은 화해해야 하며 화해하는 것이 다 함께 승리하는 길임을 가르치십니다. 화해가 대북 정책의 출발점이 되어야 함을 가르치십니다.

지금까지 우리는 분단을 상징하는 휴전선, 전쟁 적대감의 현장

속에서 살아왔습니다. 남북한은 전쟁으로 엄청난 두려움과 적개심을 쌓아왔습니다. 이와 같은 상황 속에서 예수님께서는 원수를 사랑하라고 말씀하십니다. 그러나 현실적으로 원수를 사랑하기는 정말 힘듭니다. 미워서 죽겠는데, 어떻게 사랑할 수 있겠습니까? 북한은 더욱 그렇습니다. 이 문제는 우리 자신과의 싸움입니다. 우리는 중보기도의 힘으로 이겨내야 합니다.

휴전선으로 상징되는 분단이 단지 정치적 대립과 갈등의 문제가 아니라 미움, 증오, 적개심, 두려움 등이 뿌리를 내리고 있는 죄의 문제임을 꿰뚫어 보아야 합니다. 교회는 남북한 민족이 분단으로 짓고 있는 죄를 회개하도록 촉구해야 합니다. 이것은 단순히 정치적 대결이 아니라 영적 싸움이기 때문입니다. 남북한은 전쟁을 통해 200만 명의 인명 살상을 초래했습니다. 남한 82~85만 명, 북한 120만 명의 직접적인 인적 손실을 보았습니다. 남북한 주민들은 전쟁의 강렬한 체험을 하였으며 원한과 분노, 적개심을 품게 되었습니다.

"때려잡자 김일성, 무찌르자 공산당!"

이제는 남북한 사회와 주민들 사이에 높게 쌓여 있는 적대감과 두려움, 원망의 감정을 내려놓고 서로 화해하는 작업이 첫 번째 해야 할 과제입니다. 첫걸음, 그것은 북한은 미워해야 할 원수가 아니라 주님의 사랑을 베풀어야 할 이웃으로 다가가는 것입니다.

(3) 예수님의 마음

> 너희 안에 이 마음을 품으라 곧 그리스도 예수의 마음이니 그는 근본
> 하나님의 본체시나 하나님과 동등됨을 취할 것으로 여기지 아니하시고
> 오히려 자기를 비워 종의 형체를 가지사 사람들과 같이 되셨고
> (빌 2:5~7)

북한을 못사는 나라라고 경멸하며 업신여기는 경향이 많습니다. 또한 많은 탈북민들이 남한사람으로부터 냉대를 받는다고 생각하며 더불어 살기 어렵다고 느낍니다. 교인들도 다를 바가 없습니다. 교만한 마음가짐으로는 북한선교의 빗장을 열기 어렵습니다.

예수전도단의 오대원 목사는 "우리가 하나님께서 북한을 사랑하시는 것처럼 북한을 사랑하는가?"라는 질문을 던집니다. 그리고 하나님의 마음을 아는 자들만이 하나님의 백성을 향한 그의 계획을 알도록 초대된다고 말하고 있습니다. 그리고 평화와 회복을 추구하는 출발점으로 우리에게 제언합니다. 북한사람을 향한 하나님의 계획과 그의 마음에 기초를 두고 그들을 위해 계획하고 행동해야 할 것을 강조하며 곧 사랑과 겸손한 종으로서 겸손과 섬김을 다해야 하는 것으로 결론을 짓습니다. 정복자, 지배자가 아니라 주님께서 우리를 섬긴 것처럼 겸손하게 북한을 섬길 때 성령께서 역사하십니다.

(4) 다문화 속에서 통일준비

선교는 선교지에 대한 철저한 연구와 이해로부터 시작됩니다. 대체로 해외선교를 시작하기 전에는 선교지에 대한 사전 답사와 연구를 했습니다. 이러한 사전 연구를 바탕으로 선교사가 어떻게 현지에 적응하고 정착하며 어떤 전략으로 복음을 전하고 토착화시킬 것인지 계획을 세우고 선교에 임했습니다. 북한선교 역시 선교지인 북한에 대한 준비가 필요합니다. 흔히 남한과 북한은 한민족이고 동일한 언어와 문자, 그리고 문화를 갖고 있으며 많은 동질성을 갖고 있기에 별도의 선교지 연구가 필요 없을 뿐 아니라 언어나 문화적 장벽도 없으므로 선교 자체는 그다지 어렵지 않을 것이라고 기대합니다.

그러나 이것은 오산입니다. 반세기에 걸친 분단은 같은 언어와 문자를 사용하는 한민족을 전혀 다른 둘로 갈라놓았습니다. 50여 년 동안 북한은 일인 독재의 공산체제를 유지하면서 한민족의 공통적 특질들을 모두 말살시켰습니다. 정치, 사회, 경제 구조를 전면적으로 개편했을 뿐만 아니라 문화와 역사까지도 왜곡하고 바꿨습니다.

또 한민족의 민족성이나 인간성조차도 외부 세계와의 철저한 고립과 정보 통제 그리고 유아기부터의 사상 교육과 사회화를 통해 변질시켰습니다.

더욱이 북한 사회의 폐쇄성과 외부 기피증으로 인해 북한사회가 어떻게 변했는지에 대한 지식이 극도로 제한되었습니다. 철의 장막과 죽의 장막이 걷힌 현시점에서 보면 세계에서 잘 알려지지 않고 베일에 싸인 사회가 바로 북한입니다. 그러한 점에서 북한은 선교지로서는 지구상에서 가장 오지이며 미지의 지역이라고 할 수 있습니다.

(5) 문화적 접근

북한문화를 이해하고 준비하지 않는다면 미래의 북한교회도 없습니다. 문화 위에 교회가 세워집니다. 문화는 그 시대의 영성과 세계관, 가치관을 반영합니다. 따라서 민족문화 회복은 통일한국교회의 디딤돌이 될 것입니다. 북한문화에 스며 있는 유물론, 세계관적 요소와 김일성 우상 숭배적 요소를 어떻게 민족문화와 잘 분리하여 비판하고 수용할지에 대한 연구 작업이 선행되어야 합니다. 민족문화는 북한복음화의 강력한 접촉점을 형성하기 때문입니다. 북한 공산정권은 탄압과 말살 정책을 통해 지상에서 기독교의 흔적을 없애는 데 성공했습니다. 북한의 기독교는 문화로 뿌리내리지 못했음은 물론 중요한 사회세력을 형성하지도 못했습니다. 동구 공산지역에서는 기독교교회가 문화의 일부로 자리 잡고 있었기 때문에 체제에 저항하기 위해 민중을 지도하고 동원하는 사회 세력의 역할을 할 수 있었던 반면, 북한의 교회는 명맥을 유지하지도 못했습니다. 따라서 북한선교는 북한교회를 다시 소생시킨다는 생각보다는 복음이 전혀 없는, 어떤 면에서는 그 어느 지역보다 복음에 저항하는 척박한 선교지라는 인식에서 시작해야 합니다.

북한주민의 문화와 생활 습관 등은 같은 민족이지만 70여 년 동안 단절된 상황에서 이질화한 문화와 서로 다른 이데올로기 속에서 살아왔습니다. 북한사회 문화 의식의 전형적인 특징은 집단주의, 조직 지향성, 폐쇄성, 가부장 의식, 온정주의 등을 들 수 있습니다. 이것은 주체사상의 사회문화에 대한 가치관이 내면화한 것을 보여주는데, 개인과 전체의 관계를 단일성과 동일성으로 파악하는 특징을 지닙니다.

북한사회는 집단주의에 기초하여 집단 이익을 절대 우선시하고 개인주의와 이기주의를 철저하게 배격합니다. 자기 운명을 집단의 운명과 결부시키고 집단을 위한 투쟁에서 참다운 삶의 보람과 행복을 찾는 인생관이라 하여 개인적 사고를 이기적이고 부정적인 것으로 봅니다.

그래서 북한주민들의 의식 성향에서도 집단주의, 조직 지향 성향이 강하게 나타나며 또한 유교 전통 사회의 풍토가 남아 있어 남성 우월주의, 의리와 인정을 중시하는 온정주의 등의 의식이 북한 이외 타 집단에 대해 폐쇄적인 성향을 보인다고 합니다. 그리고 북한문화의 핵심은 한마디로 '우리식'입니다. '우리식 사회주의!' '우리식으로 살자!' '우리식 사회주의는 필승불패이다!' '조선민족 제일주의!' '민족적 형식과 사회주의적 내용!' 등 이런 다양한 슬로건은 북쪽의 문화 예술관을 잘 웅변해 줍니다. 이들 슬로건은 바로 북쪽의 '우리식 사회주의'가 나아가는 어제와 오늘을 잘 말해주고 있으며, '우리식 사회주의'의 생활 양식도 바로 이들 슬로건과 잘 부합

됩니다.

(6) 다름과 차이를 인정

남북한 문화통합을 위해서는 먼저 남북 간의 문화 연구와 이해가 필요합니다. 하지만 남북 간의 문화 연구와 이해는 각각의 이데올로기에 근거하여 우월의식을 가지고 상대의 문화를 바라봐서는 안 됩니다. 이러한 문화 연구 관점은 통합의 실마리를 전혀 제공해 주지 않습니다. 따라서 남북한 문화통합을 위해 남북한 모두에게 필요한 자세는 서로의 문화에 대해 '다름'과 '차이' 그리고 '같음'의 관계와 차이를 분명하게 인식하고 수용할 수 있는 아량입니다. '다름'에 대해 자문화 우월적 관점으로 판단해서는 안 됩니다. 오히려 '다름'에 대해 이해해 주려는 마음과 '같음'의 요소가 없는지를 찾는 것이 중요합니다. 따라서 북한선교를 위해서 가장 먼저 해야 할 일은 북한이 동일 언어와 동일 문화 지역이라는 생각을 떨쳐버려야 합니다. 여타의 선교지에 접근할 때와 마찬가지로 더 많은 연구를 해야 하며 더 깊은 이해에 도달해야 합니다.

(7) 영적 전쟁

우리의 씨름은 혈과 육을 상대하는 것이 아니요 통치자들과 권세들과
이 어둠의 세상 주관자들과 하늘에 있는 악의 영들을 상대함이라
(엡 6:12)

선교는 영적 전쟁의 최일선입니다. 특히 북한은 철저하게 우상숭배와 거짓의 영으로 덮인 땅이므로 북한선교에 있어서는 인간의 어떠한 방법과 제도도 해결할 수 없는 여리고 성과 같습니다. 그러나 이스라엘 백성들이 여리고 성을 결국 무너뜨렸습니다. 그것은 바로 성령 하나님께 순종한 결과였습니다.

분단 시대에 사는 그리스도인으로서 통일하자고 목소리를 높여 외치기 전에 가장 먼저 해야 할 일은 우리가 성령 충만을 받고 우리의 인격과 사람이 성령의 열매를 맺는 것이 가장 급하고 중요한 일입니다. 왜냐하면 평화로운 통일은 성령 하나님의 선물이기 때문입니다.

첫째, 통일을 위하여 사역할 때마다 할 수 없는 한계가 너무나 많기 때문에 전적으로 성령 하나님의 도움을 받아야 합니다. 그분의 인도하심 없이 우리의 판단과 경험으로 북한 사역을 할 경우, 우리의 의가 나타나서 결국은 통일에 대해서 엄청난 오류를 범하여 오히려 통일로 가는 과정에서 걸림돌이 될 수 있습니다. 그래서 우리 자신이 십자가 앞에서 전인격적인 회개 역사와 헌신을 위하여 기도해야 합니다.

둘째, 우리는 하나이신 예수 그리스도의 몸 된 지체로서 성령의 하나 되게 하신 것을 힘써 지키기를(엡 4:3~6) 전인격적으로 기도하는 것입니다. 우리의 하나 됨은 단지 통일을 위한 전략적인 행동이 아니라 주님의 명령이며 순종해야 할 가치입니다. 우리는 이것을 소중한 최고 가치라고 여깁니다.

셋째, 우리는 통일을 인식하면서 좌로나 우로 치우치지 않고 성령 하나님의 마음으로 바라보아야 합니다(신 5:32~33). 현재 한국 사회는 남남 갈등과 북북 갈등으로 서로에게 깊은 상처를 주고 있습니다. 이러한 극단적인 통일관에 갈등과 반목이 뿌리내려 있음을 깨닫고, 통일에 대한 성령 하나님의 뜻을 온전히 인식하고, 공정하고 객관적이며 상황에 적절하게 진행되는 통일을 위해 기도해야 합니다.

통일한국은 성령 하나님의 열매를 요구합니다. 우리의 상식과 경험으로는 북한을 도울 수 없습니다. 사랑, 기쁨, 화평, 오래 참음, 자비, 착함, 성실, 온유, 절제의 아홉 가지 성령의 열매가 우리 인격과 삶 속에 풍성히 맺어지기를 간절히 기도합니다. 그 결과 여리고성이 성령 하나님을 통하여 무너져서 우리 교회를 통하여 통일 한국, 더 나아가 세계를 품는 선교한국을 이루는 데 귀하게 쓰임 받을 줄 믿습니다.

2. 통일과정 속에서 교회 역할

1) 통일은 치유입니다

통일은 분단으로 인해 우리 사회에 만연한 불안, 갈등, 고통을 치유하는 과정이라고 할 수 있습니다. 그래서 한국교회는 분단과 통일이라는 중요한 사안을 논함에 있어서, 희년의 하나님의 나라 복음 전파하는 것과 더불어 개인과 사회의 내면에 자리한 감정과 정신적 가치를 살펴보는 것이 중요합니다. 분단 사회는 인간의 불안, 적대감 등의 감정적 문제는 우리의 예상보다 사회적 관계에 더욱 심대한 영향을 초래하여 결국 더 큰 사회적 고통으로 이어질 수 있습니다. 더군다나 대한민국은 OECD 국가 중 갈등지수가 세 번째로 높은 국가로, 사회적 갈등과 고통에 한국교회 역할이 요구되어지고 있습니다. 일부 언론과 통일전문가들은 통일을 옹호하는 근거로 경제적 효용이 자주 언급되나, 통일이 경제적 난관을 일거에 해소할 수단으로 여겨지는 것은 지양해야 합니다. 그들이 북측의 저렴한 노동력과 지하자원을 통일의 경제적 이점으로 강조하는 주장은, 북한 주민들이 실제로 저임금 노동을 감수하고, 자원 개발의 이익이 남한에 집중되는 상황에 동의할 것인지에 대한 의문을 간과하고 있습니다. 통일을 단순히 경제적 이득의 관점에서만 바라보는 남한 중심적 사고방식은 남북 주민 간의 마찰을 야기하고 궁극적으로는 사회 전체에 큰 고통을 안겨줄 수 있습니다. 더 나아가, 분단의 현실에 무뎌진 우리 사회의 단면과 갈등을 심화하는 감정적 요인과 불안에 주목할 필요가 있습니다. 그러므로 한국교회는 통일여정 가운데 복음과 평화 그리고 한몸됨을 위하여 더욱 노력이 필요합니다.

2) 분단 과정에서 교회의 역할은 남북 간에 사상적 대립과 갈등을 극복하는 것입니다

　지난 70년 동안 한국은 세계 어느 나라보다도 이데올로기로 인해 깊은 상처를 받았습니다. 세계 어느 나라도 우리처럼 이데올로기로 인한 심각한 내전을 겪은 나라는 없습니다. 우리는 이데올로기를 비극적인 전쟁으로 체험해야만 했습니다.

　그러므로 우리의 내면에는 이데올로기적 증오가 세계 어느 민족보다도 더 깊이 무섭게 자리 잡았습니다. 이데올로기 때문에 남한은 붉은 색깔만 보아도 저절로 가슴이 떨리고 두려움과 증오심이 끓어오릅니다. 또 북한은 6.25 전쟁 말기에 무서운 미군기의 무차별 폭격으로 온 가족이 처참하게 살육당하는 경험을 겪었기 때문에 그 내면에 '미제에 대한 증오'로 가득 차 있습니다. 그래서 남과 북 모두의 마음속에는 서로에 대한 미움과 증오가 꽉 차 있습니다. 사람이 미움과 증오심을 가지면 먼저 자신의 인격을 파괴하고 자신의 내면을 무너뜨린다는 것을 경험했습니다. 지난 70년간의 이 냉전적인 증오의 결과로 오늘날 한민족 심령은, 하나님의 성령이 생기가 바싹 말라 마른 뼈처럼 되어버렸습니다. 이념 때문에 전쟁을 겪은 민족은 잔혹함과 증오로 말미암아 그 정신세계가 심각하게 파괴된다는 것을 알아야 합니다.

　이제는 이념과 사상을 넘어 하나님의 은혜와 사랑으로 진정 하나가 되어야 합니다. 통일의 힘은 오직 하나님의 손에 있습니다. 하나님의 손이 교회 위에 얹어질 때에 온전한 통일이 이루어집니다. 이것이 하나님께서 우리 한국교회에 주시는 소망과 비전입니다. 그러므로 교회는 먼저 이 민족 앞에서 에스겔처럼 올바른 중보자적, 선지자적 실천을 해야 합니다.

3. 지역교회가 통일선교를 준비하는 방법

오늘날 통일선교의 문제점은 한국교회의 전반적인 관심이 아닌 큰 교회들의 전유물로 삼을 정도로 소수교회들이 북한을 위해 사역하고 있습니다. 이는 지역교회 목회자들이 통일선교를 목회에 중요한 비중으로 두지 않는다는 의미입니다. 통일선교에 가장 오랜 역사를 가진 기독교 북한선교회 모금 분석을 살펴보니 1만 교회 중 50개 교회 정도만 적극적인 반응을 보인다고 합니다. 실로 안타까운 일입니다. 세계선교를 위해 정기적으로 후원하는 교회가 90%를 웃돈다는 것을 생각하면 통일선교는 아주 미미한 수준에 머무르고 있습니다. 북한은 세계선교의 한 부분이 아니라 지역교회들이 가장 먼저 다가가야 할 선교지입니다. 북한 전문 선교단체 및 NGO 단체들은 탈북성도와 함께하는 수련회를 통해 지역교회들이 북한선교를 목회의 중요항목으로 자리매김할 수 있도록 북한에 대한 풍부한 자료와 소식 등을 제공하고 목회 현장에서 실제적으로 동참하여 북한을 도울 수 있도록 해야 합니다.

1) 통일선교를 위해 끊임없는 중보기도와 성령의 지혜

이제는 북한을 위해 추상적이고 피상적인 기도가 아닌 구체적이고 실제적인 기도 운동이 개인, 교회, 단체 등을 통해 누룩처럼 번져야 합니다. 또한 어떻게 통일선교를 할 것인지 온몸으로 느끼고 준비해야 합니다. 그리고 기독교 세계관을 토대로 한 하나님의 나라를 기준으로 대안을 제시해야 합니다.

2) 지역교회의 통일선교 모델 개발을 통해 통일선교 자원하기

한국교회는 개별교회 중심입니다. 교회에서 파송한 선교사들을 통해 탈북민선교를 하거나 NGO를 통해 대북 지원에 참여하고 있습니다. 개별교회의 참여를 위해서는 교회 내에 통일선교나 북한선교를 전담하는 부서를 만들고 성도들의 참여를 독려해야 합니다. 그리고 교단은 지역교회가 통일선교 활동을 할 수 있도록 유기적 협력 체계를 형성해야 합니다. 통일한국을 위한 중보기도 네트워크 형성하는 작업도 시작되어야 합니다.

3) 지역교회 통일교육

통일선교에 필요한 통일 비전을 갖고 구체적으로 동참하기 위해서는 통일교육이 필요합니다. 오늘날 많은 그리스도인 가운데 북한에 대해 무지하거나 잘못된 선입견에 사로잡혀 북한주민들과 북한 사회를 객관적으로 바라보지 못하는 경우가 많습니다. 어떤 경우에는 사상과 체제를 초월하는 그리스도의 사랑과 천국 비전보다 특정한 정치 이념과 경제 체계에 집착하는 그리스도인들과 기독교 단체들이 있습니다.

남북이 통일되기 전 남남갈등으로 남한사회가 분열과 갈등의 사회로 얼룩질 수도 있습니다. 통일선교를 하기 전 커다란 장애 요인인 북한에 대한 인식의 변화와 북한 사람에 대한 특성, 행동, 심리 상태와 가치관, 철학 등을 연구하고 이들에게 맞는 선교적 지혜를 탐구하는 것이 우선입니다. 북한과 통일 문제를 올바로 이해할 수 있는 교육 과정이 필요합니다. 교회별로 삼일절, 6.25 전쟁, 광복절 등의 절기 행사에 통일과 선교, 북한동포를 돕기 위한 설교 등을 통해 그리스도인들의 이해를 높여 나가야 합니다.

4) 통일을 위한 다양한 경험 쌓기

교회는 서로를 알고 이해하며 협력하는 일에 나서서 북한동포들과 함께 온전히 화해하고 평화통일의 길을 닦는 일에 최선을 다해야 합니다. 탈북민들을 위한 자원봉사, 단기 선교를 통한 중국과 북한 접경 지역 방문, 통일기도회 참석 등 다양한 방법과 루트를 통해 통일을 연습합니다.

그 내용을 살펴보면 다음과 같습니다.

- 탈북민을 통해 통일을 준비하는 일
- 통일선교 강좌를 통한 평화 교육
- 조·중 단기 선교를 통한 통일 비전 품기
- 대북 NGO를 통한 지원 경험
- 탈북 정착지원 기관 하나원 방문
- 탈북 정착지원 기관인 하나센터 자원봉사
- 전문인 선교를 통한 봉사

5) 내적 치유와 상담을 통한 북한동포 돕기

상한 마음은 사실을 왜곡합니다. 북한은 왜곡된 것을 진실로 알고 있습니다. 그러나 불행히도 북한이 생각하고 있는 남한은 없습니다. 이러한 허구를 깨닫게 될 때 북한 사람들은 얼마나 허탈하겠습니까? 충분히 예상할 수 있는 부분을 살펴보겠습니다.

북한 사람들에게 남조선은 길거리에 실업자가 득실거리며 거리에 깡통을 찬 거지들의 소굴로 각인되어 있습니다. 또 북한사람들에게 남조선은 해방되어야 할 식민지로 그려집니다.

그들의 눈에는 남조선이, 학생과 노동자들이 연일 반정부 시위를 일삼고 있으며 미국과 그 앞잡이들이 무력으로 반정부 시위를 진압하고 있으며, 미국과 그 앞잡이들이 무력으로 정권을 지켜주지 않으면 당장이라도 붕괴될 취약한 사회로 보입니다. 미군이 물러가기만 하면 남조선은 김일성 주석, 아니 이제는 김정은을 우러러 모시기 위해 쌍수를 들고 어버이 품으로 달려올 것으로 굳게 믿고 있습니다.

북한의 왜곡된 세계관의 근원은 한국전쟁의 피해에서 비롯되었습니다. 전쟁을 통해 경험한 상한 마음과 용서하지 않는 마음에 근거한 주체사상은 미국에 대한 적개심과 기독교에 대한 적개심으로 발전되었습니다. 상한 마음에서 비롯된 적개심은 북한사회의 발전과 위기로 넘어오면서 더욱 심화, 확대되었습니다. 또한 주체사상을 통해 형성된 세계관은 김일성 개인의 우상화에 종교적 성향까지 띠면서 하나님과 단절된 상한 마음이 근원적인 문제임을 보여줍니다. 더 나아가 적개심의 표현 양식으로서 사회적으로 학습된 분노는 개인적인 성품 형성에 부정적 영향을 미칠 수밖에 없다는 상한 마음의 폐해를 보여줍니다.

최근에는 식량난으로 탈북동포가 증가하여, 탈북민을 중심으로 통일을 준비하는 의미에서 선교적 접근들이 주류를 이루고 있습니다. 그 가운데 탈북민들이 남한사회에 정착하는 과정 중 심리적 불안정으로 인한 사회 적응과 관계 적응에 실패하고 괴로워하며 고통당하는 것을 볼 수 있습니다. 교회는 그들의 상한 마음의 원인을 문화 충격과 심리적 고통으로 제시하고 있습니다. 교회는 기독교상담의 필요성을 깨달아 그들의 내면의 소리를 듣고 그들을 복음으로 치유하며 상담할 수 있어야 합니다.

6) 탈북 신학생들과 협력

탈북 신학생들을 북한복음화를 위한 사명감과 전문성을 가진 일꾼으로 키워야 합니다. 선교는 선교지를 가장 잘 아는 사람이 할 때 효과적입니다. 북한 출신의 사역자가 그들의 언어와 사고를 하고 복음을 전할 때 가장 큰 효과를 얻을 수 있습니다. 이들에게 교회 목회 현장에서 충분히 훈련받을 기회와 역할을 주어야 합니다.

이들은 자신들이 사회주의 유물사관과 주체사상의 틀을 벗어나 생명의 주되신 예수 그리스도를 믿고 나아가 사명자로 헌신하기까지의 회심과 소명의 과정을 체험한 사람들입니다. '수령교'라고까지 불리는 주체사상의 틀을 깨고 진정한 그리스도인으로 거듭나기까지, 복음의 제시부터 영접까지의 회심 과정 동안 북한사람들은 똑같은 가치체계의 혼란을 겪게 될 것입니다. 그래서 북한선교는 북한사람이 가장 잘 할 수 있습니다. 특히 탈북 신학생들은 북한선교 전문 사역자들입니다. 이들은 통일을 위한 값진 인적 자원입니다. 이들을 향한 선교적 기대가 크지만, 탈북 신학생들에 대한 구체적인 지원은 미흡한 점은 교회가 해결해야 할 과제입니다.

7) 선교기금 조성

한국교회는 현재 교단이나 교회별로 필요할 때마다 대북 지원의 주체가 되어 북한동포에게 다양한 지원을 하고 있으나 북한선교의 문을 여는 데는 그다지 효과를 내지 못하고 있습니다. 또한 북한선교 기금의 사용에 있어서 중복적이거나 꼭 필요한 부분에 지원되지 못하는 폐단이 있기 때문입니다. 현재 한국기독교계는 북한동포 돕기 운동에서 보듯이 부분적으로 협력하는 모습을 보이지만 기본적으로 각 교회주의와 교단주의 풍토가 지배하는 현실에서 비효율적인 지원 현상을 극복하기에는 역부족입니다. 이러한 문제점을 해소하기 위해서는 통일선교에 필요한 자금을 계획하고 그 흐름을 조정관리하는 통일선교 기금 단일 창구를 만들거나 각 교단이 참여하는 협의체를 구성할 필요가 있습니다.

8) 다양성과 전문성 연마

독일통합 직후인 1993년 5월에 열린 한독교회협의회에서는 동·서독 통일 이후의 독일사회에 대한 분석이 있었습니다. 동독교회 지도자들은 서독교회의 일방적 처사에 대해 엄청난 불만을 토로했습니다. 니콜라이 교회 담임 크리스 치안 퓌러 목사와 함께 독일통일 출발점인 라이프치히 니콜라이 교회통합 이전 동독에 많은 지원을 아끼지 않았던 서독교회 지도자들은 동독교회에 대한 많은 불평을 쏟아내었습니다. 갈등의 틈바구니에서 당황하고 있던 한국교회를 향해 당시 서독교회협의회(EKD) 총무였던 헬므트 감독은 폐회예배 설교를 통해 교회의 역할에 대해 다음과 같이 역설하였습니다.

"우리 모두 통일을 기원했습니다. 우리 모두 그리스도인이었고 한 민족이었기에 통일이 되면 서로 잘 협력할 수 있으리라 믿었습니다. 그러나 통일이 되고 나니 우리는 너무 준비가 부족했다는 사실을 통감했습니다. 한국교회는 우리들의 경험을 시금석으로 삼아 통일에 대한 준비를 철저히 해나가십시오. 사실 우리는 서로 서신을 주고받을 수 있었으며 신문, 라디오, 텔레비전 등을 볼 수 있었고 방문도 가능하여 우리는 서로 잘 알고 있는 줄 알았습니다. 그러나 막상 통일되고 보니 우리는 서로를 너무 몰랐습니다. 이렇게 서로가 달라져 있었다는 사실을 알고, 때로는 통일을 후회하기도 하였습니다. 제가 알기로는 동서독과는 달리 남북 사이에는 서신 교환, 상호 방문은 물론 서로를 알 수 있는 길이 완전히 차단된 것으로 알고 있습니다. 더군다나 동서독 사이에는 전쟁은 없었지만 남북한 사이에는 전쟁으로 서로 피흘린 경험이 있었던 것으로 알고 있습니다."

전범인 독일은 통일을 이루었고, 전쟁의 피해국인 남북한은 통일을 이루지 못했다는 아쉬움을 가지고 있는 우리로서는 통일을 미루고 계신 하나님의 뜻을 어렴풋이 깨닫습니다.

교회는 이제 서로를 알고 이해하며 협력하는 일에 나서서 북한 동포들과 함께 온전히 화해하고 평화통일의 길을 닦는 일에 최선을 다해야 합니다. 탈북민들을 위한 자원봉사, 단기 선교를 통한 중국과 북한 접경 지역 방문, 통일기도회 참석 등 다양한 방법과 루트를 통해 통일을 연습해야 합니다.

니콜라이교회 크리스 치안 퓌러 담임목사와 함께

마틴루터의 종교개혁 수도원에서

9) 전문인 선교사

북한은 미개척 선교지입니다. 북한은 복음을 받아들이는 데 호의적이지 않을 뿐 아니라 그 어느 지역보다 복음의 씨를 뿌리기 어려운 선교지입니다. 북한은 오늘날까지도 복음을 거부하는 창의적 접근 지역으로 간주해 고도의 전략적 전문인 사역이 이루어져야 하는 곳입니다. 그러므로 북한은 예수 복음 전파를 정치적, 사회적으로 거부하는 선교적 접근 제한 지역으로 보아야 하며, 북한을 타 문화권이라고 인식을 전환해 북한에 대한 주도면밀한 연구와 교육, 그리고 훈련이 필요합니다. 그래서 전문인 선교와 비즈니스 선교, 교포인력 선교동원화를 이루어 교제하고 훈련, 동역 관계를 통해 복음을 듣지 못한 북한 사람들에게 복음을 전해야 합니다.

평신도이면서 전문가의 재능을 갖추는 것은 미래 선교의 모범이 될 것입니다. 기업 활동, 통신, 무역, 식량, 문화, 스포츠 교류 등을 통해 긴밀한 접촉점을 형성하기 때문입니다. 그래서 서로 다른 체제나 종교와 신분의 제약 등을 넘나들며 소통할 수 있습니다. 전문인 선교는 한 손에는 성경을 들고, 한 손에는 직업을 가지고 로마와 유럽을 복음화시켰던 바울의 자비량 선교 전략입니다. 경협 전문인 선교는 지금과 같이 위기 문화권인 북한에 대한 전통적인 선교 전략의 한계를 극복하는 21세기 가장 효과적이고 효율적인 선교 전략입니다.

10) 사역자 양성

한국교회는 통일선교 전문 인력 양성에 아직 관심을 기울이고 있지 않은 것으로 보입니다. 이러한 상황에서 북한이 과감하게 개혁, 개발 정책으로 나오거나 예상보다 훨씬 이른 시기에 통일 과정에 돌입하거나 통일이 된다면 북한지역에서 목회하거나 선교할 사역자 수요를 감당하기 어려울 것입니다. 따라서 통일선교 사역에 필요한 각 분야의 전문가들을 신학대학과 같은 정규 교육기관이나 교단 차원의 시민 대학 형태의 교육기관을 통해 미리 그리고 충분한 사역자를 양성해야 합니다.

11) 탈북민을 위한 정착 도우미 역할

탈북민들은 통일 후 남북한 사람들이 함께 살게 될 때 생길 수 있는 문제들을 예측하고 대비할 수 있는 중요한 자원입니다. 또한 그들은 통일 후 남북한을 모두 경험하고 이해한 중간 집단으로 독특한 역할을 할 가능성이 있는 사람들입니다. 그들은 통일을 위해 하나님께서 예비하신 통일 역군들입니다. 그러므로 서로 다른 삶을 살아온 탈북민들이 이질감을 극복하면서 건강한 자아를 가지도록 이끌어주는 것은 신앙적으로 매우 중요한 의미가 있습니다. 탈북민들은 통일을 준비하는 우리 사회에 선 경험과 다양한 시사점을 제공해 주는 특수 선교 대상이기도 하지만 그에 앞서 완전한 인격체로서의 존중과 존엄의 대상이기도 합니다. 탈북민들에 대한 접근은 신앙적 측면에서의 체계적이고 종합적인 분석을 바탕으로 장기적, 단기적, 시기별, 특성별, 지역별로 다양한 프로그램을 바탕으로 실행되어야 합니다.

그러기 위해서는 탈북민들의 가치 의식과 욕구, 행태 등에 대해 기본적으로 이해해야 합니다. 또한 서로의 다름을 인정하는 바탕 위에 문화적 그리고 심리적 통합이 중요합니다. 분단 극복의 삶을 통해 내가 누구이며 무엇을 해야 하는지에 대한 올바른 의식이 형성됩니다. 이를 위해 탈북으로 인한 심리적 불안과 갈등을 해소해 줄 수 있는 상담 심리 전문가와 연결이 시급합니다. 탈북민 지원 정책의 성공적 시행을 위해서는 자원봉사자들의 폭넓은 활동이 필요합니다. 성직자보다 평신도 중심의 접근이 더욱 필요합니다.

탈북민들의 직업훈련과 지역별 쉼터 및 생활 상담실의 운영으로 그들이 자유롭게 이용할 수 있는 시설을 확보해야 합니다. 교회의 공간을 활용한다면 마음의 문을 쉽게 열지 못하는 탈북민들에게 접근하기도 쉽고, 하나님의 사랑으로 그들과 공감하며 마음의 상처를 치유하는 데도 효과가 있을 것입니다.

풍부한 인력과 시설, 그리고 헌신할 수 있는 자세를 갖추고 있는 교회단체의 역할이 중요합니다. 이러한 활동은 심리적, 정서적 안정과 인적 유대를 중심으로 이루어져야 합니다. 탈북민들이 건강한 자아상을 가지고 남한사회에 정착하게 하는 문제를 교회가 관여하고 체계적인 프로그램을 가진 장기 계획으로 이어져야 합니다.

지역교회 통일운동 Tip

(1) 통일선교를 위한 지속적인 중보기도

(2) 반공 극복

(3) 통일선교 모델 개발

(4) 통일선교 인재 양성

(5) 지역교회 통일교육

(6) 통일을 위한 다양한 경험

(7) 내적 치유와 상담

(8) 탈북 신학생들과 협력

(9) 선교기금 조성

(10) 다양성과 전문성

(11) 전문인 선교사

(12) 사역자 양성

(13) 탈북민 정착 도우미

VIII

통일에 대한
성경적 질문

통일에 대한 하나님의 질문에
교회는 답을 해야 합니다

통일에 대한 성경적 질문

1. 신사참배에 대한 깊은 성찰과 회개가 있는가?

그러므로 누구든지 이런 것에서 자기를 깨끗하게 하면 귀히 쓰는 그릇
이 되어 거룩하고 주인의 쓰심에 합당하며 모든 선한 일에 준비함이 되
리라 (딤후 2:21)

통일에 앞서 한국교회는 구체적으로 신사참배에 대한 깊은 성찰
과 회개가 있어야 합니다. 많은 교회가 북한의 복음화를 위해 기도
하는데 추가할 기도가 있습니다. 남북이 분단되고 북한이 영적으로
황무해진 원인은 무엇일까요? 조심스럽지만 한국교회가 범한 신사
참배의 죄로 인한 것이라 생각합니다.

모든 것의 이유는 아니지만, 역사적으로 가장 중요한 이유임에 틀림없습니다. 일제시대 한국교회의 신사참배는 사사기 시대 이스라엘 민족의 죄와 같은 영적인 배도 행위입니다. 신사참배에 대한 한국교회의 진실한 회개와 회개의 열매가 있어야 합니다.

신사참배는 단순히 기독교신자들이 신사에 가서 절한 정도의 죄가 아니라 엄청난 배도 행위입니다. 지금까지 신사참배에 대한 한국교회 회개의 흔적들을 추적했지만, 신사참배에 대한 교육조차 제대로 이루어지지 않고 있습니다.

솔로몬이 말년에 우상숭배를 했을 때 하나님은 진노하시면서 이스라엘을 남쪽 유다와 북쪽 이스라엘로 나누셨습니다.

역사학자는 "동방의 예루살렘이라고 불렸던 평양이 먼저 신사참배에 앞장섰을 때, 하나님께서 남북 분단과 북한의 공산화라는 징계를 내리신 것으로 보는 것이 합리적 역사 이해일 것"이라고 해석합니다. 일본은 신사참배가 종교행위가 아니라 애국적 국가행위라는 타협안을 제시했고, 이것은 한국교회가 신사참배를 수용하게 된 명분이 되었습니다. 조선 예수교 장로회총회(총회장 홍택기)는 1938년 9월 9일 개회된 제27회 장로교총회에서 "신사참배가 애국적 국가의식임을 자각하며, 또 이에 신사참배를 솔선하여 여행(勵行)하고 추(追)히 국민정신 총동원에 참가하여 비상 시국 하에서 총후(銃後) 황국신민으로서 적성(赤誠)을 다하기로 기(期)함"이라고 결정했습니다. 이 결정에 일부는 반대했습니다.

그러나 한국교회는 총칼의 위협 속에서 영적 배도에 대해 눈을 감았고 신사참배 반대자들에 대해서는 노회나 교회에서 면직이나 제명, 청빙을 금지하기도 했습니다. 더 나아가 신사참배에 찬성하는 교회 지도자들은 '비국가적인 것을 씻는다'라는 명분을 가지고 한강과 송도 앞바다에 신도 침례를 받기도 했습니다. 일부 교회가 신사참배에 대한 회개선언문을 작성했지만, 한국교회 전체가 회개한 것은 아니었습니다.

지금이야말로 바로 다니엘이 기도한 것처럼 지금의 분단을 낳게한 신사참배 죄를 회개하고 북한의 회복을 위해 기도할 때입니다. 우리가 나라와 민족의 죄를 회개하고 북한 땅과 대한민국의 회복을 위해 기도하는 다니엘이 되어야 합니다.

2. 희년의 복음을 실천하였는가?

예수님께서 메시아로서 먼저 수행하신 사명은 바로 영원한 희년인 "주의 은혜의 해"를 선포하는 것이었습니다. 희년의 핵심은 의미는 '해방'에 있으며, 만물이 '본래의 상태로 회복'되는 것을 의미합니다. 하나님께서는 피조 세계와 인간 세상이 이러한 회복을 경험하기를 바라십니다. 회복이야말로 모두가 행복과 평화를 누릴 수 있는 유일한 길입니다. 오늘날 한국 사회에서 기독교는 눈부신 양적 성장을 이루었지만, 희년 복음의 본질에서 벗어난 모습이 나타나고 있습니다. 이미 사회에서는 기독교가 종교의 귀족으로 군림하며,

세상의 문화와 흐름 속에서 타협하며 세속화에 들어갔습니다. 그래서 교회 내부에서 교회개혁과 갱신을 주장하는 목소리가 커지고 있습니다. 이러한 가운데 남한에 온 북한동포들이 한국교회의 실제 모습이 중국에서나 제3국에서 듣고 배운 내용과 다름을 발견하고 실망하여 신앙적 열정이 식는 경우가 많다고 합니다. 통일을 준비하는 한국교회는 지금 기독교의 모습과 능력으로는 통일한국을 이룰 수 없음이 자명합니다. 이제부터라도 교회는 희년 복음의 본질을 향한 내적 성찰과 회개, 그리고 성숙한 모습으로 실천해야 합니다. 한국교회는 통일이라는 민족사적이고 역사적인 선물을 받기 위해서 깨끗한 그릇으로 준비되어야 합니다.

3. 반공과 냉전 이데올로기를 극복하였는가?

한국전쟁 당시 기독교와 교회는 공산주의 세력의 주요 표적이 되어 극심한 피해를 입었으며, 북한에서 피난 온 이들도 공산주의자들의 탄압으로 인해 큰 고통을 겪었습니다. 이러한 역사적 경험은 6.25 전쟁이 남긴 민족적 상흔과 반공주의 정서에 깊이 각인되어 오늘날 한국교회의 정체성을 형성하는 데 큰 영향을 미쳤습니다. 냉전 시대에 한국 기독교의 주류를 이루던 교회는 남한사회의 반공 보수 세력의 중심축으로 자리매김하였습니다. 그래서 오늘날 많은 그리스도인이 북한에 대한 무지함과 잘못된 선입견으로 북한사람들과 북한사회를 객관적으로 바라보지 못하는 경우가 있습니다. 심지어 일부 그리스도인과 단체가 사상과 체제를 초월하는 그리스도의 사랑과 천국 비전보다 특정한 정치 이념과 경제 체계에 집착하기도 했습니다. 그러므로 이러한 반공 이데올로기 전통으로부터 스스로를 자유롭게 만드는 것은 한국기독교가 감당해야 할 큰 과제입니다.

4. 탈북민들과 통일을 위한 선교적 전략은 무엇인가?

대천덕 신부가 한 통일 이야기 중에 "우리는 오랫동안 통일을 위해 열심히 기도해 왔습니다. 그러나 우리는 통일이 그저 하나님의 뜻일 거라고만 생각하고 더 이상 나아가지 않습니다." 뼈가 아픈 지적입니다. 이제는 구체적으로 실천 가능한 선교적 전략이 필요합니다.

탈북민들이 남한에서 진정한 경제인, 사회인으로서 독립할 수 있게 하려면 무엇보다 하나님 안에서 신앙 정체성을 찾도록 지원하는 일이 최우선이어야 합니다. 탈북민들의 개인, 혹은 가정이 신앙 상담과 생활의 고충을 해결해 줄 수 있는 연결고리 역할을 교회가 해야 합니다.

또한 직접적인 경제적 지원, 취업 지원 및 사회 적응 지원이 함께 이루어져야 합니다. 이때 직접적인 지원은 위기 상황을 해결하기 위한 일시적 수단으로만 삼는 것을 원칙으로 합니다. 자립심과 노동 의지를 약화하는 부작용이 있지만, 당장의 현실적인 문제들을 외면한 채 이들에게 공허한 복음으로 다가가지 않기 위해서는 위기에 대한 지원은 불가피하다고 봅니다. 단, 지원 규정을 명확히 규정하여 부작용을 최소화하려는 노력을 기울여야 합니다. 이와 같이 그리스도인들은 새로운 통일한국에 걸맞은 공동체로 이르기 위해 지금부터 탈북동포와 북한사람들에 대한 특성, 행동, 심리 상태와 가치관, 철학 등을 연구하고 이들에게 맞는 선교적 지혜를 탐구해야 합니다.

5. 통일을 위한 교회개혁과 연합은 이루어지고 있는가?

북한 복음화의 주체는 북한동포이며 남한은 단지 협력자가 되어야 합니다. 한국교회는 통일 과정에서 혼란이 극소화하기를 기도하며 초교파적으로 연합해야 합니다. 남한의 다양한 교단이 경쟁적으로 선교한다면 분단 이후 주민들에게 많은 혼란과 상처를 줄 우려가 있습니다. 한국교회는 통일을 위해 자신의 치부 제거를 위해 끊임없이 개혁해야 합니다.

특히 한국교회는 수많은 교단과 교파로 분열되었기에 통일한국을 이루는 데 효율적인 힘을 발휘하지 못합니다. 통일에 앞서 이제라도 힘을 모아 개별적인 교회 힘으로 할 수 없는 것을 마음을

모아 교회의 연합운동을 통해 한국교회의 구조적인 변화가 있어
야 합니다.

6. 통일선교를 위한 인재를 양성하고 있는가?

한국교회는, 남한과 북한사회를 경험한 탈북민들을 전도하고 양
육하여 복음통일을 위한 하나님의 사람으로 양성해야 합니다. 한국
교회는 탈북민들을 체계적으로 양육해야 합니다. 탈북민들에게 희
년과 하나님 나라 사회를 경험하도록 하여 통일이 되었을 때 그들
이 통일한국 사회의 인재가 될 수 있도록 도와야 합니다.

7. 다음세대를 통일세대로 준비하고 있는가?

잇사갈 자손 중에서 시세를 알고 이스라엘이 마땅히 행할 것을 아는 우
두머리가 이백 명이니 그들은 그 모든 형제를 통솔하는 자이며
(역대상 12:32)

다윗 왕국을 건설하는 데 잇사갈 자손의 역할이 컸습니다. 한국
교회도 잇사갈 자손 같은 인물들을 키워야 합니다.
그래서 한국교회는 다음세대를 향한 교육과 비전 제시를 통해,

이들이 선교적 사명을 가지고 한반도 통일시대를 열고 더 나아가 세계 복음화에 기여하도록 이끌어야 할 것입니다. 우리 세대는 물론 후대에 이르기까지 통일 한국을 이끌어 나가며, 세계를 향한 정신적 지도력을 실천해야 할 책임이 한국교회에 있습니다.

8. 통일에 대한 목회적 성찰이 있는가?

한국교회는 분단을 극복하고 통일을 이루기 위해 적극적으로 노력해야 하며, 세계사적 흐름 속에서 한국교회에 주어진 역할을 수행하기 위해서는 통일을 위한 신학적 연구와 목회적 성찰이 필요합니다. 이는 희년신학의 주요 개념 중 하나로 이해할 수 있습니다. 복음적 통일을 향한 희년신학 정립은 현 시대가 요구하는 중대한 과제이며, 이는 한국교회가 나아가야 할 방향성을 제시하는 핵심적인 주제로서 가능합니다. 희년신학은 장기적인 논의와 합의 과정을 거쳐 정립되어야 하며, 이를 위해 통일 문제는 소수 전문가 집단의 영역에서 벗어나 한국교회 전체와 기독교인들의 폭넓고 적극적인 지지를 얻어야 합니다. 이러한 토대 아래 정치, 경제, 사회, 교육, 토지 등 다방면을 아우르는 체계적이고 통합적인 희년신학과 목회적 실천이 요구됩니다.

나가는 말

통일 한국을 위한 희년신학

10 토지를 영구히 팔지 말 것은 토지는 다 내 것임이니라. 너희는 거류민이요 동거하는 자로서 나와 함께 있느니라. 23 너희는 오십 년째 해를 거룩하게 하여 그 땅에 있는 모든 주민을 위하여 자유를 공포하라. 이 해는 너희에게 희년이니 각각 자기의 소유지로 돌아가며 가족에게로 돌아갈지며 (레 25:10, 23절)

기드온이 여호와를 위하여 거기서 제단을 쌓고 그것을 여호와살롬이라 하였더라. 그것이 오늘까지 아비에셀 사람에게 속한 오브라에 있더라 (삿 6:23~24)

1. 한국교회는 성장신학과 성공신학을 넘어 희년신학으로 나아가야 합니다

우리는 하나님 나라에 기초한 희년신학으로 한국교회에 자리 잡은 통일 지상주의와 교회 성장주의를 극복해야 합니다.

그래서 오늘날 한국교회가 분단의 아픔을 극복하는 희년 말씀에 신학적 토대를 세우는 일은 중대한 과제입니다. 우리는 냉전 시대의 역사적 상흔을 가지고 있는 지구 위 마지막 분단국가로서 깊은 성찰과 회개를 통해 희년의 삶이 동반된 한국적 희년신학을 세워야 합니다. 희년신학은 민족 신학임에도 불구하고 세계적 지평을 갖습니다. 왜냐하면 한반도 평화적 통일의 결과가 동북아시아 평화와 국제사회의 평화 질서 정착에 기여하기 때문입니다.

그리고 하나님이 통치하는 희년은 '샬롬'의 역동적 의미가 있습니다. 샬롬은 '힘의 평화'도 아니요 '불의의 평화'도 아닙니다. 힘 대신에 사랑, 불의 대신에 공의가 함께 조화한 하나님의 평화, 샬롬입니다. 따라서 하나님 나라의 우선순위가 통일이 아니라 샬롬이라는 진리 앞에서, 우리는 통일보다는 먼저 평화를 이루는 자로 하나님과 민족 앞에 서야 합니다. 하나님의 나라가 한반도에서 하나님 나라의 평화로 열매 맺을 때, 이 평화한국은 동북아 평화, 세계평화의 기초가 되어 이 땅에 하나님의 나라를 실현하는 도구로 쓰이게 됩니다. 이를 위해 기독교인들은 '하나님의 샬롬'의 정신으로 '민족 동질성 회복 과정'에 적극 참여하여 인도주의와 아가페 정신의 실천으로 세계 평화에 기여하게 됩니다. '한민족 공동체 형성'은 더 나아가 '동북아 평화 공동체 실현'에 큰 도움이 될 것입니다. 이것이 우리가 구해야 할 하나님 나라의 비전입니다.

우리는 유일한 분단국가 한반도에서 위대한 신학이 나오기를 기대합니다. 남미 해방신학과 한국 민중신학을 극복한 모두가 함께하는 희년신학이 세워지기를 탈북민.

희년이란, 이스라엘 민족이 가나안 땅에 들어간 해로 계산하여 안식년을 일곱 번 지낸 후 첫해인 50년째 되는 해를 말합니다. 희년은 히브리어 원어로 '숫양의 뿔로 만든 나팔'이라고 합니다. 이 해 숫양 뿔로 만든 양각 나팔을 크게 불게 하고 온 땅 거민들에게 해방을 선포합니다. 이것은 바로 예수 그리스도의 복음을 상징합니다(레25:13,28,40,50,52,54). 복음이 선포되는 곳에는 아무리 견고한 성 여리고 일지라도 무너질 수밖에 없습니다. 복음 자체에 하나님의 힘이 있기 때문입니다.

희년이 되면 전에 가난해서 팔았던 땅도 값을 치르고 다시 찾을 수 있게 하였고, 본인이 가난하면 가까운 친척 가운데 그 값을 무르고 찾게 하였습니다.

희년복음은 총체적 안식이며 공동체 안식이고 나의 안식, 너의 안식이며 민족의 안식입니다. 희년복음은 대 안식년으로서 새 하늘 새 땅에서의 영원한 안식을 예표합니다. 그래서 희년복음의 실천은 하나님의 백성이 하나님의 역사적 주권을 철저히 신뢰하고 그 계약을 지키는 행위입니다.

희년복음의 다른 의미는 억압적이고 부조리한 정치권력에 의해 이루어진 모든 사회적, 경제적 갈등을 극복하여 하나님의 정의를 바탕으로 하는 '샬롬'을 이루어 통일된 평화의 공동체를 회복하는 해입니다. 그래서 한반도에 희년이 꼭 필요합니다. 그리고 희년복음의 핵심은 바로 '토지'입니다(레 25:10). 토지는 하나님의 것이며 모두에게 주어진 것입니다.

토지는 하나님의 것이기에 개인의 소유라고 생각해서는 안 됩니다. 땅은 생존과 직결되기 때문에 개인이 소유할 수 없도록 하는 것이 하나님의 뜻입니다.

성경에서는 공의란 모든 사람이 자신의 토지를 공평하게 사용하는 것에서부터 시작된 사실을 분명히 하고 있습니다. 그것은 토지 평등권입니다. 율법은 이 권리를 보호하고 부자와 권력자들이 가난한 사람의 토지를 영구히 사지 못하도록 막고 있습니다. 그들은 토지를 빌려 쓸 수는 있지만, 희년이 되면 가난해서 토지를 임대해 줄 수밖에 없었던 원주인에게로 토지는 돌아가고 임대계약은 만료됩니다. 이 원칙을 실행에 옮길 수 있는 여러 가지 실제적 방법론들이 있지만 남한에서는 거의 실천되지 않습니다. 지금까지 우리가 볼 수 있었던 것은 성경이 다음과 같이 정죄하고 있는 바로 그 방법을 사용해 부자는 더욱 부해지고 가난한 사람은 더욱 가난해지는 현상이었습니다. 이사야 5장 8절에 "가옥에 가옥을 이으며 전토에 전토를 더하여 빈틈이 없도록 하고 이 땅 가운데에서 홀로 거주하려 하는 자들은 화 있을진저"라고 말씀합니다.

교회에서 사용하는 유산(遺産), 구속(救贖), 구속자(救贖者) 많은 용어들이 모든 공의의 기반이 되는 희년 토지법에서 유래한 것입니다. 하지만 오늘날의 교회는 성경에 등장하는 이러한 가르침들에 무관심하고 공의를 요구하는 소수의 학자는 종종 사회주의 사상과 인본주의 철학자들로부터 공의의 개념을 빌려왔습니다. 하나님의 말씀을 믿는다면 우리는 모든 사람이 토지에 대한 권리를 행사할 수 있는 어떤 방법을 찾을 수 있을 것입니다. 남한이 토지 문제를 해결할 실천 가능한 해법을 찾을 때에 북한과 대화할 수 있습니다.

누가복음 4장 18~19절 본문을 '나사렛 메시아 선언'이라고 합니다. 예수님은 안식일에 나사렛 회당에서 이사야 61장 1~2절의 메시아 본문을 찾아서 읽으신 후에 이 말씀이 예수님 자신을 통해 성취되었다고 말씀하셨습니다. 이처럼 예수님은 자신이 기름 부음을 받은 메시아임을 선언하시면서 메시아의 핵심 사역으로 '주의 은혜의 해'를 말씀하셨습니다. 여기에서 '주의 은혜의 해'는 안식년과 희년을 모두 포함하는 넓은 의미의 희년입니다. 이 본문은 두 가지를 강조하는데, 바로 '주의 성령'과 '주의 은혜'의 해입니다. 이것이 새 언약에 의해 예수님이 선포한 성취된 희년입니다. 성령 강림으로 희년 공동체를 이룬 초대교회가 복음의 통일을 준비하는 한국교회의 거울이 아닐까요?

2. 탈북민과 함께 변두리에서 느긋하게 같이 살아보기

다윗이 도피하여 라마로 가서 사무엘에게로 나아가서 사울이 자기에게
행한 일을 다 전하였고 다윗과 사무엘이 나욧으로 가서 살았더라
(삼상 19:18)

오늘날 남북 관계의 경색과 시대적 혼란은 마치 노년의 사무엘이
처했던 상황과 그가 내렸던 선택을 상기시킵니다.

블레셋의 위협이 날로 거세지고 사울 왕의 광기가 극에 달하여
나라 안팎으로 불안감이 고조되던 시기, 백성의 스승 사무엘은 고
향 라마로 돌아가 조용히 미래를 준비했습니다. 그는 혼란스러운
현실에 좌절하지 않고, 오히려 미래를 내다보며 다음 세대를 이끌
어갈 인재를 양성하고자 '나욧'을 설립했습니다(삼상 19:18, 공동체,
신학교, 대조사회, 대안학교). 사무엘의 행동은 조용했지만, 그가
왜 민족의 지도자인지를 보여주는 울림 있는 선택이자 삶이자 가르
침이었습니다.

라마나욧은 다윗에게 은신처이자 피난처였을 뿐만 아니라 후에
선지 생도들을 길러내는 교육의 장소로서 회복, 치유, 개혁, 갱신의
토대가 되었습니다.

저는 역사적 인물 중 남명 조식 선생님을 존경합니다.

남명 조식 선생님은 퇴계 이황 선생님과 함께 16세기 조선 성리
학을 대표하는 학자였습니다. 그는 비록 평생 관직에 나가지 않았

지만, 그의 명성과 학식은 누구나 알고 있었고 그를 따르는 제자들이 매우 많았습니다.

남명 선생은 벼슬길에 나아가 성공하기보다는 자연 속에서 마음을 갈고 닦고 학문에 힘쓰며 다가올 어려운 시대를 준비하는 데 힘썼습니다.

남명 선생은 69세 때, 왜구의 침략이 잦아지자 제자들에게 국방에 대한 계책을 묻는 시험을 내어 나라의 안위에 무관심한 정치인들과 관료들의 무능함을 비판했습니다. 또한, 평소에 실력을 기르고 힘을 키워 나라가 위험할 때는 글을 읽는 사람이라도 앞장서서 싸워야 한다고 강조했습니다. 남명 조식 선생 타계 20년 후, 곽재우, 정인홍, 오운, 김면, 조종도, 이로 등은 의병장으로서 분연히 일어나 혁혁한 전과를 세웠으며 실제로 임진왜란 당시 문인 출신 의병장 대부분이 남명의 제자였음은 주목할 만한 사실입니다. 더욱이 광해군의 전후 개혁정책에 적극적으로 협력하여 신속한 전후 복구, 대동법(선혜법) 실시를 통한 농민 부담 경감, 동의보감 편찬 등 민생 안정과 실리적인 외교를 통한 평화 유지에 크게 기여했습니다. 이처럼 남명 조식 선생의 혜안은 탁월했습니다. 남북 관계 경색에도 불구하고, 민심은 놀라울 만큼 변화를 보이지 않고 있으며, 해결책이나 돌파구를 모색하려는 절박함 또한 찾아보기 어렵습니다. 오늘날 정치권뿐만 아니라 종교계까지도 자신의 입장만 고수하며, 기존의 관점에서 벗어나려는 시도를 하지 않습니다.

온 국민이 존경하며 지혜를 구할 만한 종교지도자를 찾기 힘든

작금의 현실 속에서, 우리는 긴장감이 감도는 상황 속에서도 민족의 미래를 위해 묵묵히 길을 제시하는 참된 스승을 간절히 기다리고 있습니다.

화려한 미사여구와 논리 정연한 주장들이 난무하는 현실 속에서 진정성을 바탕으로 묵묵히 자신의 삶을 살아가는 이들의 부재는 '남북통일'이라는 거창한 구호 이전에, 우리 주변의 탈북민들과 진심으로 소통하고 공존하는 노력이야말로 통일로 향하는 가장 중요한 첫걸음임을 시사합니다. 이는 단순한 영토적 통일을 넘어 진정한 사회적 통합과 북음적 통일이 요구되는 현시대에 한꿈교회가 내딛는 이유입니다.

감사의 말

작은 자를 위한 큰 사역

하나님의 부르심을 소명이라고 합니다. 소명은 땅에서 만들어지는 것이 아니라 하늘에서 울려 퍼지는 하나님의 명령입니다. 특별히 이 시대를 살고 있는 그리스도인에게 통일은 하나님의 부르심이며 숙명입니다. 그래서 저는 하나님께 순종하면서 이 길을 걷고 있습니다.

특히 "행함이 없는 믿음은 그 자체가 죽은 것이라(약 2:17)."라는 말씀을 묵상하는 가운데 '우리는 자유를 누리며 풍성한 삶을 살고 있는데 저 북한 땅에 살고 있는 동포들은 왜 고통을 당하고 있을까?', '이와 같은 상황 속에서 우리가 할 수 있는 것은 무엇일까?'라는 고민을 했습니다. 이런 중에 주님께서 제 마음에 북한 동포에 대한 깊은 사랑을 부어주셨습니다. 삶의 현장에서는 외국인 노동자 사역을 통하여 중국을 자주 방문하면서 탈북민들을 만날 수 있는 기회를 가졌고, 그 만남을 통해서 자연스럽게 하나님께서 인도하셔서 지금까지 순종하며 한 걸음씩 나아가고 있습니다.

하나님과 함께했던 믿음의 사람들처럼 저도 학창 시절에 예수님을 인격적으로 만나 거듭난 후 "사람아 주께서 선한 것이 무엇임을 네게 보이셨나니 여호와께서 네게 구하시는 것은 오직 정의를 행하며 인자를 사랑하며 겸손하게 네 하나님과 함께 행하는 것이 아니냐(미 6:8)."라는 말씀을 묵상하면서 하나님께 헌신했습니다.

어느 날 명동성당을 지나가는데 "우리를 때리지 마세요. 돈을 주세요. 우리는 인간입니다."라는 현수막을 들고 울고 있는 외국인 근로자들을 보는 순간 큰 충격을 받았습니다. 어릴 때부터 부모님의 영향과 신학적인 배경 가운데 저는 이들을 도와야 한다는 큰 도전을 받았습니다.

하나님 아버지 앞에서 정결하고 더러움이 없는 경건은 곧 고아와 과부를 그 환난 중에 돌보고 또 자기를 지켜 세속에 물들지 아니하는 그것이니라 (약 1:27)

말씀 앞에서 다시 한번 저의 전 존재를 주님께 드려야 한다는 사명을 받았습니다. 그래서 작은 자를 위해 사역하겠다는 마음으로 가난한 자, 소외된 자에 대해서 공부했었고 저의 사랑하는 아내의 적극적인 도움으로 집을 개방하여 외국인 노동자들을 초대하여 함께 지내기도 하였으며 심방하여 그들과 함께 대화하며 그들의 삶

속 깊은 곳으로 들어가서 그들과 함께 분노하며 울며 웃으며 지냈습니다.

그러던 중 더 전문적인 사역을 위해 공단지역 중심으로 복음운동을 펼치는 희년선교회 총무로 섬기게 되었습니다. 그곳은 불법체류자를 위해서 쉼터, 노동상담, 임금체불, 법률상담, 의료상담 등 분야별로 조직적으로 활발하게 움직이는 곳이었습니다. 그리고 민족별로 네팔 공동체, 방글라데시 공동체, 중국 공동체, 영어권 공동체, 베트남 공동체, 탈북민 공동체로 나누어서 예배와 교제가 이어지고 있었습니다. 특히 공동체들은 민족별 특징과 특성에 맞게 구성되었고 각 민족의 언어로 구사하는 선교사님과의 축복된 만남으로 활발하게 움직이고 있었습니다. 저는 이분들을 섬기면서 오히려 저 스스로 큰 은혜와 성장을 경험하게 되었습니다. 희년선교회에서 타문화권 경험을 통해 북한에서 오신 탈북민 모임이 활발하게 이루어지고 있는 가운데 탈북민와 북한에 대한 이해가 깊어졌습니다.

저의 목회 스승이신 홍정길 목사님께서 기독교 대표 대북 NGO 단체인 '남북나눔'에서 사역하라는 권면을 주셔서 사역지를 옮기게 되었습니다. 남북나눔은 1990년대부터 시작된 한국교회의 북한 돕기를 촉진하기 위해서 보수와 진보가 연합하여 1993년 4월에 세운 기관으로 대북지원에 앞장섰습니다. 저는 북한을 방문하면서 북한 선교 및 통일 문제에 깊은 관심을 가지고 현장 운동에 사역해 왔습니다. 그리고 남서울은혜교회 통일선교위원회를 개척하여 6년 동안 한국에 거주하는 탈북민들의 정착을 돕고 그들을 예수님의 제자로서 통일 일꾼으로 세우는 일을 하였습니다. 앞으로 탈북민들의 숫자가 늘어나고 사회적으로 뜨거운 쟁점이 될 것입니다. 그래서 지금은 의정부에서 통일을 준비하는 교회 비전을 가지고 한꿈교회를 개척하여 탈북민들과 함께 통일을 연습하고 있습니다. 여러 교회와 단체들로부터 강의해 달라는 요청을 받고 있습니다. 그래서 지금까지 북한 사람들과 함께했던 작은 경험을 정리할 필요를 느꼈습니다. 무엇보다 우리가 처음 시작했던 비전과 열정들을 회복하고 싶었습니다. 그리고 이 책을 통해 교회들이 함께 하나님이 우리 민족을 향하신 계획과 비전을 깨달아 함께 준비된 통일, 축복된 통일을 맞이하기를 소망합니다. 어느덧 13주년이 된 한꿈교회를 위해 애쓰고 힘쓴 많은 동역자들과 한꿈 지체들 그리고 저를 위해 기도해주신 가족들에게 진심으로 감사드립니다. 또한 선교의 현장에서 수많은 동역으로 섬겨주시고 베풀어주신 공동체와 교회에 감사드립니다. 그리고 추천해 주신 여러 목사님과 교정에 도움을 주신 분들께도 감사드립니다. 그리고 이 책이 출판될 수 있도록 기도와 후원을 해주신 한반도의 친구들과 이성복 장로님께 감사드립니다. 모든 영광을 하나님께 돌립니다.

2025년 2월

희년 임용석 목사 · 남성경 사모

참고문헌

1. 이문식. 「통일넘어 평화로」 홍성사 2014
2. 석사현. 「탈북민의 정착과정과 적응실제」, 제2회 한국 교회와 평화통일포럼 2013
3. 김희태. 「재중 탈북동포 선교에 관한 연구」, 한신대학교 대학원
4. 김병로. 「한국 교회와 통일준비」, 한기총 통일선교대학,2009
5. 남서울은혜교회. 「남북이 하나되는 교회이야기」, 코람데오, 2013
6. 한국기독교총연합회. 「새천년, 복음통일을 준비하라」, 한기총 통일선교대학, 2006
7. 조용관, 김병로. 「북한 한걸음 다가서기」, 예수전도단, 2014
8. 사랑의교회. 「교회가 꿈꾸는 통일」 사랑의 교회 북한사역 부서 연합, 2009
9. 「정착도우미 봉사자 활동 표준메뉴얼」, 통일부, 2001
10. 「북한이탈주민리포트」 먼저 온 미래, 콘라드 아데나워 재단, 2015
11. 이영선 편. 「통일을 위하여 남한도 변해야 한다」, 오름, 1999
12. 이영선 편. 「탈북민의 삶 문제와 대책」, 오름, 2009
13. 전우택. 「사람의 통일, 땅의 통일」, 연세대학교, 2014
14. 곽찬희. 「다문화 목회를 통한 한국 내 탈불자 사역에 대한 연구」, 리폰드신학대학교, 2010
15. 박용화, 박은희 공저. 「30일 중보기도」, 진리와 자유, 2014
16. 데이브 수스 지음/이스데반 옮김. 「무너지는 장벽」, 홍성사, 2014
17. 조용관. 「효과적인 탈북민 복음화 방안 모색」, 2012
18. 「통일맞이 성경공부」, 감리교서부연회, 1999
19. 한반도평화연구원. 「500명 북한이주민 삶과 생각」, 2014
20. 임용석. 「통일, 준비되었습니까?」, 진리와 자유, 2012
21. 임용석. 「남북이 하나 되는 교회이야기」 코람데오, 2011
22. 기독교통일포럼. 「통일선교 네비게이션 2019」, 2019
23. 남서울은혜교회. 「통일, 우리는 이렇게 생각했습니다」, 2013
24. 임용석 공저. 「통일목회 이렇게 하라」 포멘북스, 2017
25. 김석주. 「북한이탈주민의 정신건강」 자료집, 2016
26. 헤무트 콜 통리 회고록. 김주일 옮김 「나는 조국의 통일을 원했다」 해냄, 1998
27. 전국하나센터협회. 「북한이탈주민 지역적응센터 10년사」, 2019
28. 「통일맞이 성서연구(1)」 엮은이 : 왕대일 기독교대한감리회 서부연회, 1996

예수, 통일을 말하다